本书获中国人民大学拔尖创新人才项目以及两项国家自然科学基金项目（项目号：71772176；71771133）的资助。

正念与领导力

基于交互的视角

张　静◎著

经济管理出版社
ECONOMY & MANAGEMENT PUBLISHING HOUSE

图书在版编目（CIP）数据

正念与领导力——基于交互的视角/张静著．—北京：经济管理出版社，2018.11
ISBN 978－7－5096－6183－3

Ⅰ.①正…　Ⅱ.①张…　Ⅲ.①领导学—研究　Ⅳ.①C933

中国版本图书馆CIP数据核字(2018)第275604号

组稿编辑：申桂萍
责任编辑：申桂萍　李红贤
责任印制：黄章平
责任校对：王淑卿

出版发行：经济管理出版社
（北京市海淀区北蜂窝8号中雅大厦A座11层　100038）
网　　址：www. E－mp. com. cn
电　　话：(010) 51915602
印　　刷：三河市延风印装有限公司
经　　销：新华书店
开　　本：710mm×1000mm/16
印　　张：11.25
字　　数：177千字
版　　次：2019年2月第1版　　2019年2月第1次印刷
书　　号：ISBN 978－7－5096－6183－3
定　　价：58.00元

序
正念领导力：一个领导力探索的新方向

宋继文[①]

领导力研究一直是组织领域的热门话题。如何提升和发展领导力，也是组织管理实践中非常重要的问题。尤其在当今变化莫测的组织环境中，工作节奏日益加快，人们身心都经受巨大考验，这对领导者的能力也提出了新的挑战。随着正念以及正念训练在减压和幸福感方面的功效不断被发现，越来越多的企业组织将正念应用于工作场所，以期正念能够帮助职场工作者减缓焦虑、提高效率与幸福感，为公司业绩增长扫清障碍。在这些研究探讨中，关于正念对领导力影响的研究逐渐获得管理学组织研究领域学者的重视，成为领导力研究的一个新方向。张静博士这本书的选题体现了非常好的时代价值，具有重要的社会意义。这本书是张静博士在其博士论文的基础上修改完成的。作为她的博士生导师，在她刚入学的第一个学期，当她第一次跟我提出博士论文想要研究正念领导力这个主题时，我认为是一个很不错的研究方向，但由于这是一个相对比较新的研究领域，特别是这个主题在本土组织情境的研究成果相对较少，因此，这个研究也是具有非常大的挑战。我建议她多去阅读和了解一些相关的研究文献，最重要的是发现当前研究的盲点和关键需要解决与突破的问题。她通过通读经典文献，跟踪最前沿的研究成果，发现以往的工作场所正念研究基本上是单纯地考察员工正念或者领导正念的单一影响效果，如员工正念如何影响员工工作投入、领导正念如何影响员工幸福感等，而并没有探讨领导正念与员工正念是否存在交互作用这个问题。这

---

① 宋继文，中国人民大学商学院副教授、博士生导师、组织与人力资源系主任，香港科技大学组织管理学系博士，中国管理研究国际学会创始会员、中国管理国际学会（IACMR）中国区代表（2014～2016）。

个问题是有趣的，它可以帮助我们发现正念在组织情境中独有的现象，因为在组织中，很大程度上就是探讨人与人之间的关系和相互作用。经过与她讨论，我鼓励她大胆深入地探索这个问题。随后她前往几家企业进行调研走访，了解企业中领导者所具有的正念特质与表现。随后，她在文献研究和理论研究的基础上，提出了一个正念对领导力影响的研究模型，并设计了问卷前往企业进行调研。令我比较欣慰的是，数据收集完成之后，她所提出的模型获得了良好的数据支持。我认为这是一个非常有价值的发现。她在此基础上完成了博士论文的撰写。我认为，最终所呈现出来的这本正念与领导力的书籍，有如下特色：

第一，该书第一次将正念研究的定义进行了总结与梳理，将正念定义分为一种类特质、一种状态、一种能力或者集体层面的概念，该书在这些概念的基础上提炼出正念具有的四个典型特征，同时将正念与冥想、专注力、情绪智力、流等相近的、容易混淆的概念进行了区分，这些可以帮助想要理解正念定义的读者深入了解正念是什么。

第二，该书同时参考国内外心理学、脑神经科学与管理学的最新研究成果，对正念测量的量表进行了总结，便于读者掌握相关正念量表的应用场所与范围。该书在前人研究的基础上，总结概括了正念对人体功能的影响，包括正念对注意力、认知、情感、行为以及生理功能的影响，为读者进一步理解正念在工作场所的研究发现提供了支持。

第三，该书在文献回顾部分第一次对工作场所个体正念研究的国内外文献进行了系统梳理，较好地总结了员工正念与领导正念的理论成果与实证发现。这对于想要了解正念在工作场所研究成果的研究者和企业管理工作者具有一定的参考价值。

第四，该书根据前人的研究成果，从正念在工作场所发挥作用的路径出发，结合领导力相关理论，提出一个领导与下属交互影响领导力与工作投入的模型。该书提出的大部分假设得到了实证研究的支持，这就为在中国本土情境中检验正念对领导力的影响提供了可靠的依据。

第五，该书的发现对于推动和深化领导力具有重要的作用与价值。该书主要基于内隐领导理论，采用领导与下属双重中心的视角，通过对比正念对真实型领导、辱虐管理和领导—成员交换关系三个方面的影响效果，论述和验证了正念对

领导力的影响，这对于推动相关领域领导力的研究与实践具有重要意义。

基于以上几方面的突出特色，本书代表了“正念领导力”这个研究主题在中国情境所进行的前瞻性探索。本书结合本土情境的实证检验，将为正念在中国组织领域的落地实践提供可靠的指导。总之，对于想要学习和了解正念研究是什么、正念在工作场所发挥了哪些作用以及正念如何影响领导力这些问题的研究者和企业管理工作者来说，这是一本非常实用的好书。该书将引领您用正念的方式来解读领导力，为领导力的探索打开一个新的视域，期盼您会有所收获！

宋继文

2018 年 12 月 5 日

前　言

在信息高度发达的当今社会，组织领导者和员工面临着分心和焦虑的考验，领导力和工作投入效果大大减弱。“正念”由于带来个体平静和注意效率提升而进入组织研究和实践者的视野。然而，相比于实践领域的如火如荼，学术界对关于正念如何影响领导力及工作投入的研究还缺乏足够重视。本书通过理论研究与分析，构建了一个领导与下属交互视角下正念对领导力及工作投入的影响模型。之后，通过一个领导与下属的配对数据样本，分别对上述路径进行了实证检验。数据样本来自中国内地两家公司，先后分两次进行问卷现场收集，最终的样本包含 56 名领导和 275 名下属。本书使用 HLM（Multilevel Linear Model）6.08 进行单层和跨层影响的检验，采用蒙特卡洛模拟的方法（Monte Carlo Simulation）分析了被调节的中介效应。

本书的实证研究结果显示，下属正念正向影响感知的真实型领导，负向影响感知的辱虐管理，通过感知的真实型领导以及感知的辱虐管理影响领导—成员交换关系，通过感知的真实型领导、感知的辱虐管理以及领导—成员交换关系影响工作投入。领导正念在下属正念对感知的领导行为、领导—成员关系和工作投入的影响中起到调节作用。实证研究结果显示，领导正念调节下属正念对感知的真实型领导和领导—成员交换的正向影响，以及调节下属正念对感知的辱虐管理的负向影响，调节感知的真实型领导在下属正念与领导—成员交换以及下属正念与工作投入之间的中介作用，也调节领导—成员关系在下属正念与工作投入之间的中介作用。

综合理论分析和实证研究成果，本书的理论贡献主要体现在以下五个方面：其一，本书整合梳理了当前正念相关的文献，为未来研究提供参考和指引。本书在前人对正念定义的基础上，对正念内涵进行了重新界定，归纳出持续的注意力、觉知、专注当下和不加评判的接纳四个方面的内涵；梳理出了正念相关的研究文献；总结提炼了正念在工作场所发挥作用的路径，即深化觉知、增强自我调节和促进人际关系三个方面。其二，推动并深化领导与下属正念对领导力及工作投入影响机制的研究，丰富了正念的研究文献。本书首次验证了领导与下属特质正念对领导力及工作投入的交互影响。相比于以往研究，基于交互视角的讨论为正念研究提供了新思路。其三，丰富了正念对领导力影响研究的理论基础。通过构建正念对领导力及工作投入影响的研究模型，理论上论证了领导与下属正念交互影响感知的真实型领导、感知的辱虐管理和领导—成员关系，以上通过以上路径对工作投入的间接作用。实证研究结果有助于推动和丰富领导与下属交互视角下的正念对领导力的影响研究。其四，将注意力和觉知作为一个重要品质引入领导力的当前研究，也丰富了真实型领导、辱虐管理和领导—成员关系的前因研究，有助于理解个体的注意力与觉知品质在领导力构建中的价值。关于领导与下属正念通过感知的真实型领导交互影响领导—成员关系的发现，指明了正念影响领导—成员关系的路径。其五，拓展了工作投入的前因研究。关于领导与下属正念通过感知的真实型领导、领导—成员关系交互影响工作投入的发现，为正念促进工作投入提供了新路径，丰富了当前工作投入的前因研究成果。

本书对组织管理的实践意义如下：首先，发现正念所提供的注意力和觉知品质对领导力有显著影响。企业可以在招聘环节上加入对应聘者特质正念的考察。企业可以在团队建设中考虑领导与下属之间特质正念的匹配，以促进团队领导力的开发。其次，有助于组织的管理者明确正念用于领导力开发的具体形式与路径。例如，可以将正念训练用于真实型领导开发；还可以将正念训练用于领导者减压项目，帮助领导者进行情绪的自我调节，从而尽可能地减少对下属的辱虐；通过对领导者和下属进行正念训练，改善领导者与下属的关系质量。再次，由于工作投入受到下属正念与领导特质正念的交互影响，组织应致力于选拔特质正念高的领导者进入组织，或通过对领导者进行正念训练来提高领导正念水平或改善领导正念状态，为下属工作投入提供有效的情境支持。最后，管理者可以考虑通过改善组织情境，如通过工作设计和物理空间的改善，来提升领导者与下属的正念水平以孕育更有正念的工作者。

尽管作者在写作过程中做了认真的校对，也对每一个概念、观点和问题的陈述力争清晰明了，但由于这是一项开创性的工作，仍然不免会有所疏漏与不足。欢迎广大学者专家、研究同仁与企业实践者对于可能存在的问题提出批评意见，也欢迎来信来函与本书作者研讨。感谢大力支持!

目　录

1 绪 论

1.1 研究背景

1.1.1 实践背景

世界即将迎来一场正念革命。2014 年 2 月，英国《时代周刊》（TIME）在重要版面刊发文章《正念的革命》（*Mindfulness Revolution*）。2017 年 10 月，英国议会举办“正念政治”会议，探究正念冥想是否可以帮助各国政治领袖推动各项事务的发展。在美国硅谷，“正念禅修”已成为一种流行风尚，经常练习的商界人士特别是企业领导者逐渐增多，如苹果公司前 CEO 乔布斯、脸书（Facebook）创始人扎克伯格、福特汽车执行董事比尔·福特等商业巨头。为寻求持续性发展和员工幸福感提升，以谷歌为代表的多家全球科技公司以及通用磨坊、宝洁等世界 500 强的公司均引入了“正念”课程（Tan，2012；Wolever et al.，2012）。哈佛商学院、西点军校已将正念引入领导力核心课程（Jha et al.，2015）。在中国，以滴滴公司为代表的高科技公司，为提升管理绩效和组织应变能力，也引入了一系列的正念课程，在企业中应用正念。相关培训在组织中悄然兴起，一些领导者与员工正在享受正念带给自身的好处。正如坚持正念冥想练习 40 多年的对冲基金巨头雷伊·达里奥所说：“冥想是帮助我成功的最重要因素。”

正念在工商企业界乃至政治领域如此风靡，其背后蕴藏着组织管理环境的重大变化。进入新互联网时代，当前的组织生活充满了压力与挑战。全球化与持续不断的技术变革重新定义了工作，使工作与生活界限模糊？人们面临海量信息和快速的工作节奏，干扰众多，压力巨大，企业的领导者与员工也面临长期的紧迫性、更多的焦虑与无尽的分心。

首先，这一变化考验了领导者与员工的注意力。Edward Hallowell 在《哈佛商业评论》的文章《过载的电路：为什么聪明的人表现不佳》提道，在过去的几十年中，注意力漫游急剧增加，“现代的办公室生活和一种越来越常见的被称作注意力缺陷特征的现象，正把稳定的高管变成疯狂的后进生”。埃森哲战略变革研究院前所长托马斯·达文波特（Thomas H. Davenport）指出，我们正生活在一个“注意力经济（Attention Economy）时代，理解和管理注意力已成为企业成功最为重要的决定性因素”（Hougaard et al.，2016）。凯文·凯利在《必然》一书中讲到，“在信息丰富的世界里，人类的注意力已成为唯一稀缺的资源”。如何管理和应用注意力，正成为企业组织中的一项新的基础技能。“正念”被称为是一种“注意力的艺术”，来自心理学、神经科学和医学领域的研究成果发现，通过特质正念或正念训练能给个体带来平静和思维的清醒，能够改善个体注意力的质量（Smallwood & Schooler，2015；Wadlinger & Isaacowitz，2011），因而正念逐渐进入了组织管理者的视野。组织相关研究认为，正念带来注意力效率提升，拓宽了人类有限理性边界，从而拓展了注意能力，因而个体能够更稳定有效地注意当下与任务相关的信息（Good et al.，2016）。因此，将正念应用于工作场所，帮助企业的领导者与员工提升注意力质量，减少复杂信息的干扰，成为企业管理实践中的重要问题。

其次，这种快节奏的组织生活状态直接威胁着组织中个体的工作效率，也损害了个体的身心健康与幸福感。麦肯锡与斯坦福大学合作调研“一心多用”的影响，结论指出，信息超载及注意力碎片化严重打击了管理者，不仅降低管理者们的工作效率、质量及创新能力，而且更容易增加压力感、情绪不稳定，危害身心健康。一份来自美国心理学会 2015 年的研究报告指出，工作压力已成为美国第二大压力决定因素；同时，英国 2014 年《健康与生命安全报告》也指出，工作压力是产生工作有关疾病的主要原因之一（39%）。根据美国国家心理健康研究所调查，每年大约有 4000 万美国成年人（约占美国人口的 18%）是焦虑症患者。美国国家职业安全与健康研究所发现，因压力引起的疾病所导致的旷工、迟到以及人才流失，每年给美国公司造成超过 2000 亿美元的损失。70% ~90% 的雇员住院与压力有关，有压力的员工更有可能不健康、不开心和失职。这种影响直接带来工作投入与成果的下降。工作投入（Work Engagement）可以定义为“一种积极的、充实的与工作相关的精神状态，其特征是活力、奉献和专注”（Schaufeli et al.，2002）。工作投入已被证明对员工绩效产生积极影响（Rich et al.，2010），近年来已经成为管理领域最重要的概念之一。Gallup 和 Towers - Perrin 公司的调查显示，全球只有 20% ~30% 的雇员是高投入的，中国企业也面临同样的问题。当下经济与 GDP 高速发展的背后，企业在追求高速发展的同时，也透支了领导者与员工的身心健康，伤害了公司绩效和长期利益。2015 年 11 月，《财富》（中文版）联合北京易普斯咨询公司在中国展开了高级经理人压力状况的调查，结果显示，中国高级经理人压力指数在 2015 年空前提升，达到了近五年来的峰值，面临“泰山压顶”式高压力的高级经理人达到 77.6%。高压力下面临着工作投入效率的低下。2011 ~2012 年，盖洛普公司针对全球雇员工作投入程度的调查结果显示，中国敬业的员工只有 6%，远远低于世界 13% 的平均水平，且 20% 的员工处于消极怠工级别。面临这种情况，一些智慧的公司为寻求工作效率提升和可持续发展，日益关注员工身心健康与幸福感提升。过去几十年，基于正念的训练技术如正念减压疗法（Mindfulness - Based Stress Reduction，MBSR）、正念认知疗法（Mindfulness - Based Congnitive Therapy，MBCT）以及与此相关的正念冥想技术，在临床医学中对个体压力起到显著的减缓作用（Kabat - Zinn，2013），使正念在企业中日益受到关注。人们试图通过正念帮助组织的领导者与员工缓解身心压力，更从容地应对组织环境的变化，以提升工作投入效率与幸福感。

以上现象反映出，正念在工商界即将掀起的这场革命，有效呼应了组织发展环境的变化要求，是领导者与员工应对环境压力、提高工作效率以及追求内在身心和谐与幸福感的必然需要。特别对于组织的领导者而言，由于领导者需要承担更大的责任、面临更大的压力和更多信息的干扰，更需要通过正念来提高注意力质量，减缓内在身心压力，因而正念对组织中的领导者具有更为突出的价值与重要性（Peters & Ellery，2015）。基于此，将正念用于领导力开发逐渐成为一个新颖而有价值的问题。领导力，可以被定义为一种风格或行为，也可以定义为一种有效态度与行为结果的描述。领导力一直是组织研究中的热点问题，在社会历史的不同时期，由于管理环境的差异，对领导力的界定和要求也有所不同。随着

“注意力经济”时代的到来，管理和应用注意力成为影响和考量领导力效果的重要问题。然而，关于正念如何影响领导力，人们知之甚少。组织中的不同领导者展现的风格不同，不同员工对领导行为与风格的感知也存在差异，正念作为一种注意力品质如何影响领导风格？是否影响员工对领导行为与风格的感知？基于领导—下属关系对领导力开发的重要性（Bennis，2007），正念是否影响领导—下属关系？这些因素是否进一步影响了工作投入？澄清这些问题，引导和发挥正念对领导行为与领导—下属关系的积极作用，有助于组织构建和谐健康的工作环境，促进领导效能和员工工作效率的提升。要回答好上述问题，无疑需要针对正念对领导力的作用机制展开深入的研究。

综上所述，正念在工作场所中正发挥着越来越大的作用，如何把握和发挥正念对领导力的作用，提高领导者与员工注意力品质及工作投入，是组织发展中面临的紧迫而现实的问题。在新的时代环境下，准确认识和研究正念对领导力及工作投入的作用，是组织应对环境变化的必然要求，也是组织实现智慧、科学与可持续发展的有力保证。

1.1.2 理论背景

正念最早出自佛教的《四念住经》，它在2600年前被佛陀第一次正式提出，是原始佛教中最核心的禅法（Vipassanā）（Hayes & Feldman，2004）。20世纪70~80年代，卡巴金（Kabat - Zinn）等学者（2005）将正念引入科学研究领域，并将其定义为“一种有意识的（On Purpose）、不加评判的（Non Judgementally）、对当下（in the present moment）的注意”。其后，正念在心理学、神经科学和医学领域取得了丰硕成果。众多研究表明，正念有助于改善个体焦虑、抑郁和其他类精神疾病（Miller et al.，1995；Segal et al.，2002；Shonin et al.，2014）。同时，正念可以用于积极心理学治疗，如降低压力、提升生活满意度和幸福感（Brown & Ryan，2004；Roche et al.，2014）。来自神经科学的研究成果发现，正念训练能够有效地改善大脑的神经结构和反应效率（Ives - Deliperi et al.，2011），为正念应用于医学领域提出了可靠的支持。大约20世纪末，基于正念对人的注意力、认知、情感、心理及行为产生的积极影响，相关正念的研究逐渐获得组织领域研究学者的重视（Glomb et al.，2011）。特别是近几年，正

念在社会科学领域成为越来越热门的话题。本书作者通过 Web of Science 对 SSCI 论文的检索发现，从 1998 年到 2017 年，有关正念研究的文献在 2013 年突破 500 篇，随后呈“井喷式”增长，如图 1－1 所示。

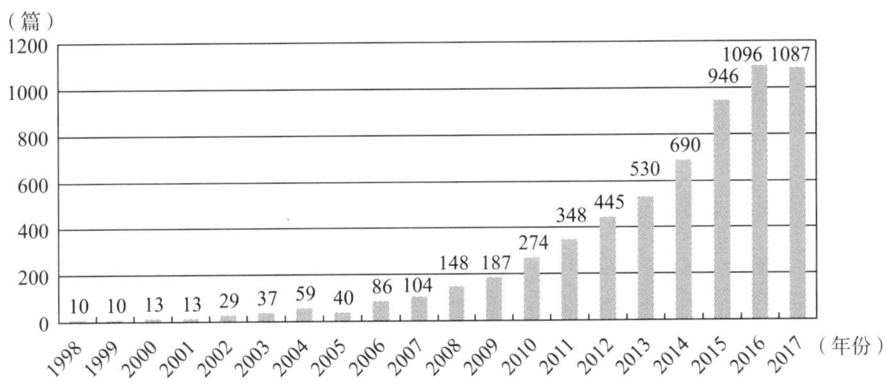

图 1－1　1998～2017 年相关正念研究的文献增长情况

资料来源：Web of Science。

正念进入工作场所之后，众多学者分别从不同视角开展了研究。部分研究探讨了正念对员工心理状态、工作态度、行为和工作结果的影响（Dane，2011；Hülsheger et al.，2014；Good et al.，2016）。随着正念研究在工作场所的深入开展，正念对领导力的价值逐渐被组织学者发现和重视（Reb et al.，2014）。相关的实证研究成果也表明，正念对领导力水平有积极作用（Reb et al.，2015；Liang et al.，2016）。可见，正念在工作场所的研究已经取得了一定的成果。本书第二章将根据不同研究对象和影响结果对当前文献进行系统梳理，将其归纳为员工正念、领导正念与工作态度，及员工正念、领导正念与工作行为两个方面。学者们围绕这两方面的研究试图回答以下三类问题：一是正念如何影响工作态度及与之相关的情绪体验（幸福感、工作满意度等）？二是正念如何影响工作结果？如领导风格、工作绩效、组织公民行为等。三是正念如何影响工作场所的人际关系？如领导—下属关系。回答好以上三个问题将有助于读者对工作场所的正念研究进行系统的把握，以明确领导与下属正念对领导力及工作投入研究的必要性。

工作场所正念的研究已经取得了一些有价值的研究成果，为本书的研究进一步探讨正念对领导力及工作投入的影响提供了重要的基础前提，但同时发现已有研究存在以下几方面不足。

第一，关于正念对领导力及工作投入影响的理论基础缺乏。既有研究并未很好地解释正念对领导力影响的理论基础，也很少有研究将正念与当前领导力理论进行整合，这也直接限制了正念在领导力实践中的应用。Reb 等（2014）明确提出，应该针对正念对领导力的影响展开深入研究。回应这一倡导，结合当前领导力相关研究的丰硕成果，将目前研究有所忽略，而对当今时代的领导力非常重要的注意力品质纳入领导力研究中，整合正念与领导力的研究非常有必要。

第二，既有研究都是从员工正念或领导正念单一层面探讨正念对领导力或工作投入的影响，尚没有研究从领导与下属交互视角进行探索。根据 Lewin（1951）提出的场论，组织中的个体嵌入在环境中，具体行为是自身特征与所处情境条件共同作用的结果。Carsten 等（2010）进一步指出，个体自身特征包含动机、人格、价值观等因素，情境因素包含组织特征、领导风格、团队特征等因素。因而在工作场所，下属正念与领导正念是否通过交互或叠加对领导力及工作投入产生影响？回答这一问题，将为正念对领导力及工作投入的影响提供崭新的视角。进一步探讨领导与下属正念通过哪些中介机制影响工作投入，也将为正念如何影响工作投入提供更为丰富的解释。

第三，当前研究较少关注员工正念对领导力感知的直接影响，也没有结合领导风格讨论正念对员工态度的影响。根据内隐领导理论（Implicit Leadership Theory，ILT），领导效果和效能在很大程度上取决于下属的感知和解释（Nye，2002）。Northouse（1997）认为，领导者与下属都是领导力过程的一部分，因此，讨论分析下属正念对领导力感知的影响理应成为正念对领导力影响研究的重要组成部分。在以往的研究中，Grant 等（2011）认为，下属的特征可以在一定程度上塑造领导者及其领导风格。Felfe 和 Schyns（2010）发现，下属个人特质可以作为感知的领导力的前因变量。而特质正念是否可作为领导力的前因变量尚未可知，因而尚不能确认员工注意力与觉知如何影响对领导力的感知。进而这种感知最终是否会落实在员工工作态度与行为结果中，即如果员工正念影响了领导力感知，其效用如何体现，对此，已有研究并没有给出解释。

基于以上理论背景的分析，本书针对当前工作场所正念对领导力及工作投入的研究提出了三个方面的不足。相应地，未来研究也应当着力考虑从上述三个方面切入。其中，理论方向和研究视角是重中之重，鉴于此，本章下一节继续讨论提出本书的研究问题与研究视角。

1.2 研究问题与内容

通过上述实践和理论背景分析，相应提出本书的研究问题与内容。本书聚焦于分析和研究工作场所正念对领导力及工作投入的影响。

首先，本书的研究关注的是特质正念。当前工作场所关于正念的研究，主要分为特质正念（Dispositional Mindfulness）、状态正念（State Mindfulness）和基于正念训练（Mindfulness Training）的干预研究三类。本书聚焦于特质正念研究：当前研究已经发展出相对成熟的特质正念自我报告量表，并获得了很多稳健结果（Baer et al.，2006；Brown & Ryan，2003）。特别是从以往的研究中发现，特质正念对员工产生更强的影响。例如，研究表明，特质正念与更大的员工身心健康有关（Brown et al.，2007；Chiesa & Serretti，2010）；Hülsheger 等（2013）的研究发现，特质正念相比状态正念与员工工作满意度有更强的正相关。同时，由于员工特质正念的可塑性（Shapiro et al.，2008），关于特质正念的研究成果也可以为企业组织中基于正念的训练提供重点与方向。

其次，本书关注的核心问题是正念如何影响领导力及工作投入。本书的研究视角区别于以往研究，将领导正念与下属正念同时纳入理论分析框架，试图探讨两者的交互对领导力的影响。领导者与下属都是领导力的构成要素（Bono & Judge，2004），以往的研究未能将两者结合考虑，由此并不能很好地解释正念对领导力的影响。

再次，关于领导力的考察范畴，本书主要考察了领导行为和领导—下属关系两个方面。领导行为是领导力最直接的反映和体现，本书探讨了正念对领导行为的影响。由于领导与下属的二元关系也是构成领导力重要的一部分（Hollander，2012），本书考察了领导与下属正念对领导—下属关系的影响。

最后，关于正念对领导力的影响效果，由于下属对领导不同的感知将导致领导力影响的差异（Van Quaquebeke et al.，2011），进而表现出不同的工作态度和结果，因此本书认为，领导与下属正念对领导力的影响应该包含下属的工作态度或行为结果的讨论。

由此引出本书关心的第一个问题：领导正念与下属正念如何影响领导行为？为探讨这一问题，笔者首先总结归纳了正念对工作场所发挥作用的具体路径——深化个体觉知、增强自我调节和促进人际关系，进而讨论了特质正念通过这些路径影响领导力的可行性。根据 Luthans 和 Avolio（2003）对真实型领导的内涵界定，真实型领导包含自我调节和自我觉知两个方面，而辱虐管理通常被认为是一种自我调节的失败（Liang et al.，2016），以往研究者也建议开展正念对领导力相关的研究（Reb et al.，2014）。本书选择真实型领导和辱虐管理作为正反两种领导行为，讨论了领导与下属正念交互影响领导行为的可行性与价值。

在以上模型的基础上，引出本书关心的第二个研究问题：领导与下属正念如何影响领导—下属关系？正念在工作场所对人际关系的影响为本书分析这一问题提供了可能（Good et al.，2016）。在组织研究中，领导—成员交换理论在领导促进员工主要成果中强调双元关系本质（Brower et al.，2000；Dulebohn et al.，2012），被认为有效解释了领导与下属关系与互动。因此，本书选择领导—成员交换关系作为领导—下属关系研究变量。为深入解释这一问题，本书同时考察了正念影响领导—成员交换关系的中介机制。

本书关心的第三个研究问题：领导正念与下属正念对领导力的影响将带来何种结果？基于上文的讨论，本书将以工作投入作为结果变量，探讨正念影响工作投入的中介机制。本书第三章、第四章理论分析与假设部分将对以上问题展开详细论述。

根据上述研究问题，本书的主要研究内容具体分为以下三个部分：

第一，领导与下属正念交互对领导行为的影响研究。首先分析正念对工作场所发挥作用的机制，进而讨论正念如何通过这一机制对领导力产生影响。通过对已有文献的系统性回顾与梳理，结合相关理论，本书对这一部分研究内容进行了深入考察。

第二，领导与下属正念交互对领导—成员交换关系的影响研究。本书将着重考察领导正念与下属正念的交互作用对领导—成员交换关系的直接影响及其中介作用。这一问题的研究方法同样基于文献梳理、理论分析和逻辑推导。

第三，领导与下属正念对工作投入的影响研究。基于前文的分析，本书的研究将探讨两种领导风格真实型领导、辱虐管理以及领导—成员交换关系在其中的中介作用。

1.3 研究思路

上文通过简要的文献回顾界定了本书的研究问题与内容，基于以上分析，本书提出以下研究思路。本书试图回应的问题是正念如何影响领导力及工作投入。本书扎根于中国企业组织实践中的现象与经验，以正念在工作场所的现有研究成果为基础，从正念对工作场所影响机制的理论探讨出发，结合内隐领导理论、真实型领导、辱虐管理和领导—成员交换理论，基于领导与下属交互的视角，围绕正念对领导力及工作投入的影响这一核心议题，展开理论研究。本书研究的技术路线如图 1 -2 所示。

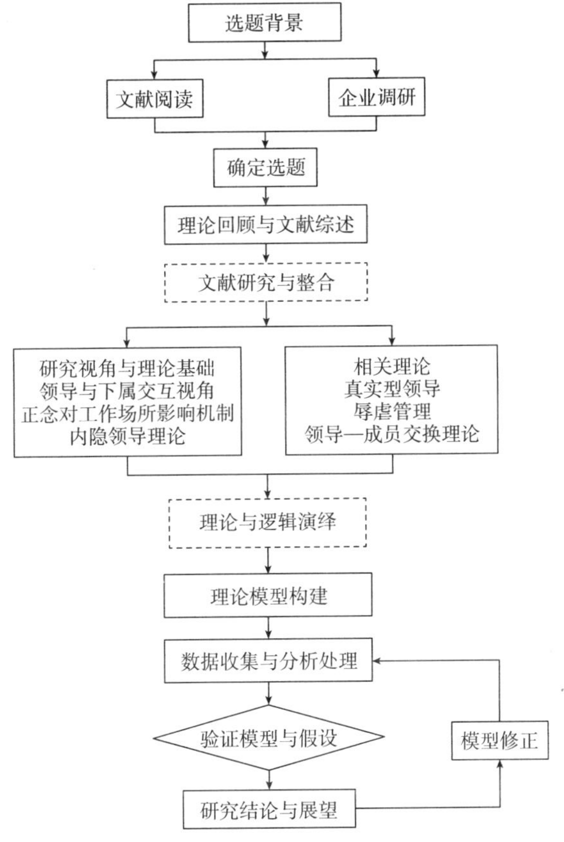

图 1 -2 本书研究的技术路线

在此基础上，本书期望构建起一个领导与下属交互视角下的正念对领导力及工作投入的影响机制模型，该模型将领导与下属特质、领导行为、领导—下属关系纳入正念对领导力影响的考察范畴，同时考虑了正念通过领导力对工作投入的影响，从而在理论上丰富和发展了工作场所正念对领导力及工作投入的研究，为实践中发挥正念在工作场所的作用提供启迪与参考。

具体的研究思路包括以下几个步骤：

首先，通过文献分析结合理论研究进行逻辑推导，构建领导与下属正念对领导力及工作投入的影响模型。该模型反映了领导与下属正念对领导行为的交互作用，同时考察了这一交互作用对领导—成员交换关系和工作投入的影响。该模型还考察了领导与下属正念的交互作用通过领导行为和领导—成员关系对工作投入的影响。

其次，结合上述理论模型，通过企业实地访谈，明确调研企业与研究主题的契合性，进而针对相关主题进行问卷设计，并选择合适规模的样本进行设计安排。

再次，设计实证研究，本书拟采用领导与下属配对方式进行数据收集，对所提出的正念对领导行为、领导—成员关系和工作投入影响的系列假设进行检验。

最后，根据问卷调查的实证研究结果，结合理论分析，对相关议题进行总结讨论，以明确正念对领导力及工作投入影响的具体作用机制。

1.4 研究方法

本书所使用的研究方法主要有以下三类：

第一，文献分析与理论演绎法。在广泛借鉴医学、心理学、神经科学、社会心理学相关的研究成果基础上，本书重点针对正念在组织行为学中的研究成果进行回顾梳理，结合领导力研究的相关理论，进一步明确研究逻辑和理论基础，构建和发展正念对领导力及工作投入的理论模型。

第二，访谈与问卷调查法。为了更好地理解正念在工作场所的特点，本书首先针对调研公司进行了访谈，其次通过现场问卷调研的形式采集数据，作为后续理论模型验证与分析的基础。

第三，定量研究方法。在问卷调查和统计分析的基础上，通过定量分析对研究假设进行检验。本书的研究拟采用信度效度检验、相关分析法，使用 Mplus7.0 结构方程模型进行验证性因子分析（Confirmatory Factor Analyses，CFA），使用 HLM（Hierarchical Linear Model）6.08 检验直接效应或中介效应，使用蒙特卡洛模拟方法（Monte Carlo Simulation）检验团队层面的调节效应、被调节的中介效应和个体层面中介作用的间接效应。

1.5 研究意义

基于实践背景与理论背景的讨论，本书明确了主要研究问题和相关研究内容。本书的研究选题既顺应了实践发展的需要，也紧密贴合了理论研究的方向，预期对管理理论和管理实践贡献以下几方面价值。

1.5.1 理论意义

首先，本书将深化关于工作场所正念对领导力及工作投入影响的理论认识。由于已有关于正念对领导力及工作投入影响的研究未能提供一个理论与视角较为完整的逻辑框架，故本书的研究试图通过文献分析、理论发展和逻辑演绎，构建一个领导正念与下属正念交互影响领导力及工作投入的研究模型，以深化和拓展正念对领导力及工作投入的理论认识，为今后正念在工作场所的理论和实证研究提供基础。

其次，本书以下属感知的领导行为与领导—下属关系为中介解释了领导正念与下属正念对工作投入的作用机制。对比以往的研究，将有三点主要贡献：其一，从领导与下属交互视角考察了正念对领导力及工作投入的影响，这对以往的研究成果是一个新贡献。目前尚没有研究从交互视角探讨过这一问题。其二，考察领导行为作为领导与下属正念对领导—成员交换关系交互影响的中介变量，拓展与丰富了当前正念对领导—成员交换关系的研究。以往的研究尚没有考察领导正念、下属正念对领导—成员交换关系的直接影响和交互作用，更没有探索其间的中介机制。其三，考察了领导行为与领导—成员交换关系作为领导与下属正念对工作投入影响的中介变量，深化了正念对工作投入的中介机制研究。以往的研究单纯考察了下属正念对工作投入的影响，没有发现领导力在其中的重要作用。

最后，本书将丰富和推动领导力当前的研究成果。本书的研究将领导者与下属注意力和觉知作为前因变量解释领导行为和领导—下属关系，有效拓展了当前领导力的研究成果。之前关于领导者特质对领导风格的研究探讨了大五人格的影响（Bono & Judge，2004；Judge et al.，2002），而对领导者注意力和觉知的研究重视不够，更没有研究探讨下属的注意力和觉知对领导力的直接影响。此外，本书从交互视角分析了领导正念与下属正念对领导—成员关系的影响，同时考察了领导行为在此过程的中介作用，也相应丰富了当前领导—成员关系的研究成果。特别重要的是，本书基于内隐领导理论，综合考察了领导与下属正念在领导力过程中的作用，这区别于以往理论研究中单纯关注领导视角或下属视角而忽略另一方的局限（Shamir，2007），同时丰富了当前内隐领导理论的研究成果，有助于推进领导力研究的发展。

1.5.2 实践意义

首先，本书旨在帮助组织的管理者更好地认识和发挥正念在工作场所的价值。即认识到注意力和觉知对组织的领导者和员工都是非常重要的品质，正念特质不仅影响领导与员工的自身表现，还会影响下属对领导行为与领导—成员交换关系的感知和工作投入。验证这些关系，将有助于管理者识别正念在组织的领导者与员工选拔、培训、团队建设中的重要作用与价值，或通过特质正念的区分，或提供正念训练来提升组织领导效能与员工工作投入。

其次，本书为组织的管理者如何应用正念进行领导力开发提供理论指导。本书试图验证领导正念与下属正念交互影响下属感知的真实型领导、辱虐管理以及领导—成员交换关系。本书在理解领导力过程中加入了下属视角，为正念用于领导力开发和培养提供一种更为完整的新思路。根据这一思路，不仅要关注领导正念对领导力开发的重要作用，也不可忽视下属在这一过程的重要作用，更要注意领导与下属正念的匹配对领导力的影响。本书同时探讨了工作投入作为领导力的效果，有助于管理者从整体上认识正念对领导力的重要作用。

再次，本书通过探索领导与员工注意力品质对领导—成员交换关系的价值，将为组织的管理者建构高质量的领导—成员关系提供新方向。关于中介机制的探索将为组织通过正念促进领导—成员交换关系提供新途径。关于领导正念与下属正念交互作用的研究也将为团队建设中特质正念的培育提供新支持。

最后，本书有助于帮助组织的管理者更好地认识影响工作投入的因素，从而有效提升员工的工作投入水平。以往的研究使管理者了解到员工正念对工作投入的影响，本书将为正念影响工作投入提供新途径。组织可能通过对领导正念和下属正念的发现与培育，鼓励积极向上的领导风格感知，创建健康高效的工作环境，促进工作投入的提升。

1.6 本书的结构

根据本书所关心的研究问题、研究内容和研究思路，本书的内容安排如下：

第 1 章是绪论。绪论部分包括本书的实践背景与理论背景，明确研究问题与研究内容，描述本书的研究思路，讨论潜在的理论意义与实践价值。

第 2 章是相关文献综述。这一章首先对正念内涵界定、概念区分、测量和对人体功能影响等几个方面进行基础性回顾，归纳相关研究成果，在此基础上从员工正念研究、领导正念研究、研究的理论基础三个范畴来进行文献梳理，并据此指出现有研究中存在的不足。

第 3 章是正念对领导力及工作投入影响的模型构建。在这一章中，本书首先归纳出正念对工作场所发挥作用的基本机制，进而总结正念对领导力影响的可行方向，在此基础上，采用领导与下属交互视角，引入内隐领导理论、真实型领导理论、辱虐管理和领导—成员交换关系探讨工作场所正念对领导力的作用机制，继而讨论这些影响对工作投入的作用，最终提出正念对领导力及工作投入影响的模型。

第 4 章是研究假设。基于上一章提出的正念对领导力及工作投入影响的理论模型，本章将分别从正念对感知的真实型领导、感知的辱虐管理和领导—成员交换关系及工作投入的影响进行深入分析，提出研究假设，进一步强化本书的研究逻辑，为实证研究的开展提供更为翔实的理论逻辑支持。

第 5 章是研究设计与检验。在这一章中，研究者将收集领导者与下属一一配对的数据样本，依次检验系列研究假设，分别是下属正念、领导—成员交换关系、感知的真实型领导、感知的辱虐管理与工作投入，以及领导正念在此过程的调节作用。

第 6 章是研究讨论与结论。本章对全书的研究结论进行归纳总结，分析讨论研究假设的验证结果，还将指出本书研究的理论与实践贡献、主要研究局限以及未来研究方向。

2 相关文献综述

2.1 正念的起源与定义

正念起源于东方佛教，其原意是思维的清醒与专注（lucidity and intentness of mind）（Davids & Stede，1959）。在经典的佛教概念中，正念强调对当下状态的注意和觉知（attention and awareness）（Quaglia et al.，2015a），因此，注意力和觉知构成了正念的两个核心成分。从佛教的观点看，正念是一种积极的实践或过程，其本质包括认知、态度、情感甚至社会道德层面（Grossman et al.，2010）。在中国传统经典著作中，处处散落着"正念"思想的精华。例如，《大学》中有所谓"修身在正其心者，身有所忿（愤）懥（怒），则不得其正；有所恐惧，则不得其正；有所好乐，则不得其正；有所忧患，则不得其正。心不在焉，视而不见，听而不闻，食而不知其味"。这里的"正其心"就是要时刻觉知自己的心念与行为，享受当下的事，与正念的意思相通。王阳明的诗句"饥来吃饭倦来眠，只此修行玄更玄。说与世人浑不信，却从身外觅神仙"也体现了一种活在当下、专注眼前之事，不去胡思乱想的"正念"境界。

正念被引入西方科学领域之后，虽然在含义上保留了佛教中正念定义的核心成分，但在具体表述上与佛教的概念有所差别。国外众多的专家学者从不同视角给出了正念的定义（见表2－1）。

表 2-1 正念的操作性定义

来源	定义
Baas 等（2014）	活在当下的一种意识状态（Brown & Ryan，2003；Kabat - Zinn，1994）
Bishop 等（2004）	个体只有通过有意识地培养才能保持的，为当前体验或现实生活所强化了的关注和认知的一种特质
Brown 等（2007）	对当前正在发生的事件和经历的一种可接受的注意力和觉知
Carlson（2013）	关注个体当下的体验并对其进行非评价性的观察（Bishop et al.，2004）
Creswell 和 Lindsay（2014）	用接纳的态度监控自己在当下时刻的体验
Dane（2011）	关注于当前时刻内外部发生的现象的一种意识状态
Eisenbeiss 和 van Knippenberg（2015）	一种元认知能力，被定义为一种注意力和觉知在当前发生事情的状态（Brown & Ryan，2003），并且包括有意识的感知而不是自动化地反映外在刺激的过程
Glomb（2011）	一种以可接受的注意力和对当下事件和经验不加评价、判断和认知过滤的觉知为特征的一种意识状态
Hanh（1976）	在当下的现实中保持自己的意识
Harvey（2000）	对（自己）内在和周围发生的心理和身体现象有敏锐觉知的一种状态
Herndon（2008）	专注于此时此刻正在发生的事情
Hulsheger 等（2013）	一种对当下经历的不带评价的注意和觉知的状态（Bishop et al.，2004；Brown & Ryan，2003）
Hulsheger 等（2014）	个人用一种接纳和不评价的态度关注当下的一种意识状态（Brown et al.，2007；Kabat - Zinn1994）
Kabat - Zinn（2005）	一种有意识的、不加评判的、对当下的注意
Langer（2014）	一种由于立足于当下，对内容和观点比较敏感，受规则和惯例指导但不被支配的积极的心理状态
Lau 等（2006）	一种只有通过有意识地培养才能保持的，用一种开放的、不加评判的、没有取向性的态度看待经历的一种模式或类似状态的特质
Leroy 等（2013）	对当前外部（如声音）和内部（如情绪）状态，事件和经历的一种可接受的注意力和觉知（Brown & Ryan，2003；Dane，2011）
M. Epstein（1995）	全心全意地关注正在发生的、培养对事物变化的分辨能力
Niemiec 等（2010）	一种注意到的，由关注当前经历，仅仅观察发生什么而形成的可接受的意识状态

续表

来源	定义
Nyanaponika（1972）	对我们在连续的感知时刻到底发生了什么的明确和专一的觉知
Reb 等（2014）	基于观察但不评价的立场对当下的一种觉知（Bishop et al.，2004；Brown et al.，2007；Mikulas，2011）
Rosch（2007）	在一个意识时刻中出现或不出现的一种简单的心理因素。它意味着在那一刻通过清晰的聚焦来坚持意识到事物
Ruedy 和 Schweitzer（2010）	一种个体对内在（他们自己想法的意识）和外部（对环境中发生什么的意识）的觉知
Thondup（1996）	充分关注现在，而不是担心过去或未来
Weick 和 Sutcliffe（2006）	东方的正念意味着拥有一种能够抓住当前的事物，记住它们，不会因为分心、走神、联想思维、解释偏离或排斥而忽略它们的能力
Zhang 等（2013）	一种聚焦当下的意识和关注（现实因素），同时对正在发生的事件和经历有一种开放的态度（接受因素）（Bishop et al.，2004）
Zhang 和 Wu（2014）	一种以注意力和意识聚焦当下为特征的心理状态（Bishop et al.，2004；Brown et al.，2007；Langer，1989b）

由表 2－1 可知，众多学者对正念从不同的视角给出了定义。尽管当前学者对正念的操作性定义还存在一定争议，在管理学文献研究中普遍被应用的定义来自 Brown 和他的同事，他们将正念定义为“一种对当前事件和经历可接受的注意力和觉知”（Brown et al.，2007）。这里的正念既可以指一种个体的意识状态（a state of consciousness），也可以指一种个体特质（personality trait）（Brown & Ryan，2003；Dane，2011；Glomb et al.，2011）。根据学者当前对正念定义的不同视角与内涵，可以归纳为以下几种：

将正念看作一种意识状态。众多学者将正念看作一种意识状态（Dane，2011；Glomb et al.，2011；Harvey，2000；Langer，2014）。该观点认为，正念是一种有意识地集中注意力于当下的体验，一种个体对内在（对自己想法的意识）和外部（对环境中发生什么的意识）的觉知，是个体对当下的体验所持有的接纳、不评价的态度（Hulsheger et al.，2014）。根据这种观点，达到正念的意识状态是一种内在的、天然的人类能力（Kabat Zinn，2005），这意味着大多数人至少在某一点或某些时刻是正念的。Weick 和 Putnam（2006）认为，正念作为一种意识状态会因内外部的各种刺激而发生明显改变。鉴于正念本身具有较强的短暂性和易变性，因而可以通过相关训练被获得或提升（Brown & Ryan，2003；O'Doherty et al.，2015）。

将正念看作一种类特质（state - like trait）。越来越多的学者认为，正念是一种类状态的特质概念（Brown & Ryan，2003），即正念的表现存在个体差异，一些人可能比另一些人更经常处于正念状态（如 Baer et al.，2004；Giluk，2009；Walach et al.，2006）。因此，正念可以作为一种类特质水平被评估（Brown et al.，2007；Brown & Cordon，2009）。例如，Bishop 等（2004）将正念定义为个体只有通过有意识地培养才能保持的，为当前体验或现实生活所强化了的关注和认知的一种特质。类状态特质说明尽管正念在一定时期内稳定，但其仍然可能受到内外部环境因素的影响而发生不同程度的改变。研究表明，通过正念训练等外部干预可以提升个体的特质正念水平（Shapiro et al.，2008），因而，特质正念在一定程度上是可塑的，这一点使正念区别于以往的其他特质概念，如情商、神经质和经验的开放性（Weinstein et al.，2009）。

将正念看作一种能力。也有一部分学者将正念定义为可以通过系统的正念训练而被习得和发展的一组技能（Baer et al.，2006）。例如，Epstein（1995）认为，正念是全心全意地关注正在发生的事情，通过正念练习会培养个体对事物变化的分辨能力；Weick 和 Sutcliffe（2006）认为，东方的正念意味着拥有一种能够抓住当前的事物，记住它们，不会因为分心、走神、联想思维、解释偏离或排斥而忽略它们的能力；Eisenbeiss 和 van Knippenberg（2015）认为，正念是一种元认知能力，一种注意和觉知当前发生事情的状态（包括有意识的感知）而不是自动化应对外在刺激的过程。拥有这种技能可以提升个体的专注力，敏锐的觉察力、同情心，拥有平和的心态。个体可以通过正念训练项目来学习正念技能，提升自己的正念水平，这对个体来说具有重要价值。

将正念看作一个集体层面的概念。组织研究中有一类分支将正念看作一个集体概念，其含义来自 Langer（1989）对正念的定义。Langer（1989）最早将正念引入管理学，并将其定义为“一种主动的信息收集过程模式”。Langer的定义明显包括有意的认知分类过程，其内涵区别于佛教原本的内涵。后来，Weick 等（1999）在 Langer 的定义基础上，结合佛教中对正念的定义，提出了集体正念的概念。他们将集体正念定义为一种具有组织层面特质的概念，内容涉及“一种丰

富的对细节有辨识能力的觉知和因此而采取行动的能力”（Weick et al.，1999；Weick & Putnam，2006）。此概念用于解释高度可靠性组织（high－reliability organizations，HROs）在艰难的情况下如何避免灾难或以几乎无差错的方式运行，如以观察、分类、对突发事件和错误的反映。这一定义与本书关注的定义明显不同，本书主要关注的主题是组织中个体正念。

正念训练属于提升或获得正念状态、正念特质以及正念能力的一系列方法。Kabat－Zinn（2003）在20世纪70年代，汲取了东方禅修的营养和精华，创造出卓有成效的正念减压疗法（MBSR）。这种方法最开始被应用于临床精神病学领域，后逐渐在普通人群中应用。随后，研究学者又发展出了正念认知疗法（MBCT）（Teasdale et al.，2000）、辩证行为疗法（Dialectical Behavior Therapy，DBT）、接纳和承诺疗法（Acceptance and Commitment Therapy，ACT）等一批以正念训练为基础的心理治疗方法（苗元江和汪静莹，2013）。以上方法中以MBSR和MBCT应用最为广泛。此外，正念训练常用的技术方法还包括冥想（mediation）和正念短期干预，如五分钟或几小时的正念练习（Michel et al.，2014）等。

通过以上分析发现，尽管学者对正念的操作性定义与内涵的观点不尽相同，但是相对而言，状态和特质的定义获得了更多认同。对于正念本身的结构，以往的定义中并没有给出清晰的划分，这对于理解和把握正念内涵带来了挑战，正如Grossman（2008）所认为的那样，“正念是一个非常难懂的概念”。不论将正念作为一种状态还是作为一种特质或是一种能力，准确认识和把握正念内涵与结构对进一步理解正念的本质具有重要的价值。为更好地理解正念的本质，根据以往学者的定义，本书归纳提炼出正念的四个核心要素：一是持续的注意力。即个体对所在环境中的内外部刺激保持持续的关注，包括思维集中、不游离、不分散。正念的注意力成分在前文正念定义中被反复强调，是正念的核心内涵之一。二是对内外环境的丰富觉知。觉知是有意识地了解一个人的内部（包括身体的感觉、思想和情感等）和外部（包括外部事件、景点和声音等）经验（Brown & Ryan，2003）。Brown等（2007）认为，在当前时刻对内外环境的觉知是正念最重要的内涵。三是关注当下。关注当下意味着引导个体对内部和外部正在发生的现象保持每时每刻的关注和觉知（Baer，2003），而不是思维被过去或将来（如回忆、计划或幻想）占据。个体对当下的体验是最鲜活与最真实的，个体只有将注意力放在当下才能对所经历的内外事件保持充分的觉知。同时，对当下的关注也强调去经验化或自动化反应，即个体跳离出经验的限制来更充分地感知事物的本来面目。四是不加评判的接纳。不加评判的接纳涉及对经历的思想、情感和事件先不加以判断（比如是好的还是坏的、想要的还是不想要的、重要的还是琐碎的）（Germer et al.，2005）。接纳就是允许所有愉快的、中立的、痛苦的经历，也包括具体经验（感觉疼痛）和抽象经验（拒绝的感觉）自在发生，而不试图去改变、控制或回避它们。正念并没有赋予个体更大的精神控制，而是使个人能更好地注意到自己精神控制的存在。正念通过帮助人们意识到什么是可控的、什么是不可控的而增强个体对环境的把握和自我调控能力，使个体无论面对何种情况、何种困难，对所发生事件持有一种开放的心态，不被负面事件扰动，内心保持平和、安详。因此，完整的正念内涵应包括注意力、觉知、专注当下和对刺激不加评判的接纳四个内涵（Brown et al.，2007）。根据以上文献回顾，本书将正念定义为一种对当下所发生事件和经历，包括内在刺激（思想、身体感觉等）和外部刺激（物理和社会环境等）不加评判接纳的注意力和觉知。“Mindfulness”在国内被大多数学者翻译为正念（卡巴金，2018），也有少部分学者将其翻译为“觉知”（韩玉兰，2010；刘兴华等，2011）或“心智觉知”（吴九君和郑日昌，2008）等。本书所指的领导正念就是指在工作场所中领导者所具有的上述正念特征；下属正念是指在工作场所中与领导者相对应的下属所具有的上述正念特征。

2.2 正念与相关概念区分

正念与冥想、情绪智力、专注、流等构念存在相似之处，但各自又具备独特的内涵，相互之间彼此独立、不能互相替代（Dane，2011；Weinstein et al.，2009）。此外，心不在焉和思维漫游被认为是正念的反面，它们描述了不正念的状态。深入辨析这些相关概念有助于帮助人们理解正念的独特内涵及其在工作场所的独特价值。

2.2.1 正念与冥想

正念与冥想均来源于佛教，两者相互关联，但又不完全相同。西方学者在研究中经常将两者通用或者混淆。有效区分两者关系将有助于提高正念研究的规范性。冥想是指个体通过调整自我的身体和思想所建立的一种特殊注意机制，冥想训练有助于改善个体心理过程（Cahn & Polich，2006）。冥想通常包含两种训练方式：正念冥想（Mindfulness Meditation，MM）和专注冥想（Concentrative Meditation/ Foused Attention）。后者强调对单一事件的专注，而前者不仅强调对单个对象的关注，还包含了体验意识。因此，正念冥想是冥想的一种类型。正念冥想可以作为正念训练的一种重要方法（Conze，2008），但正念训练除了正念冥想外，还包括身体扫描、行禅、三分钟呼吸空间和正念瑜伽等主要技术（Brown & Ryan，2003）。

2.2.2 正念与情绪智力

情绪智力（Emothional Intelligence）指的是个体感知、理解、调节自我甚至他人情感的能力（如 Wong & Law，2002）。以往的研究发现，正念与情绪智力正相关（Brown & Ryan，2003）。两者都涉及个体对自身情绪的调节，从而以更加适应与灵活的方式面对自身的体验和事件。研究表明，正念可以提升个体的情绪智力（Coffey & Hartman，2008）。但是，正念与情绪智力又有明显的不同，情绪智力仅仅强调个体对情绪本身的感知、理解和控制，正念不仅包含对情感的觉知，还包括对内在（思想、身体感觉）和外在（物理和社会环境）刺激的关注和体验。因此，正念所包含的范围比情绪智力大很多。此外，情绪智力涉及的情绪感知和理解并没有排除个体的价值判断，且包含了对情绪的控制，而正念强调将个体的价值判断排除在外，不加评判、如实地接纳当下发生的事件与体验，并不要求个体刻意去抑制任何情绪或感受。

2.2.3 正念与专注

专注（Absorption）作为一种状态被定义为工作投入的一种核心成分（Macey & Schneider，2008）。专注力是个体高度关注于特定对象，并能将自身融入其中的特质（Roche & McConkey，1990）。专注状态下，个体高度关注和投入于一个特定的角色、一种活动或一项任务（Agarwal & Karahanna，2000；Rothbard，2001；Wild et al.，1995），不受任何干扰因素的影响，对情绪和认知体验保持较高的开放度。专注力的这些特点类似于正念所强调的“关注当下”，但是专注与正念仍存在较大的差异。专注仅强调对当下单一事物的关注，涉及的注意力幅度比较狭窄。专注状态下，个体倾向于忽略与手头任务不直接相关的刺激（Rothbard，2001；Bazerman，2006），而正念不仅强调对当下的关注，还包含对当下内外环境所有体验和事件的关注。因此，正念的内涵超越了专注力。此外，专注力并没有消除个体情感，个体在高专注力状态下往往会采用一种情绪导向的经验模式，而在低专注力状态下则倾向于采用一种事实导向的模式（Tellegen，1981）。正念强调对目标对象的感知不加任何价值判断和情感。正念还包含了有意识的行动、去自动化的反映等特点，这些特征是专注力所不具备的。

2.2.4 正念与流

工作场所中另一个与正念较为相近的概念是流（Flow）。流是在能产生强烈的集中感和控制感的最具挑战性的活动中高度参与的一种状态（Nakamura & Csikszentmihalyi，2009）。流是对当前的活动高度参与，这一特点与正念关注当下的特征相类似。流在注意力幅度上与专注力类似，都是关注比较窄的范围。Quinn（2005）认为，流是行动和意识的融合，流状态使人变得如此专注于任务以至于个体不再认为自己与活动截然不同。因此，个体在流状态下不可能觉知一系列的心理刺激（Intrapsychic Stimuli），也不可能感知与手头任务不紧密相关的外部现象（Csikszentmihalyi，1990）。可以说，流是一个“有限的刺激场”（Nakamura & Csikszentmihalyi，2002），与正念对内外环境的丰富感知截然不同。

2.2.5 正念与心不在焉和思维漫游

心不在焉（Mindlessness）有时被称为正念的反面（Brown & Ryan，2003）。Langer（1992）将心不在焉定义为“一种以过度依赖于过去为特征的思维状态，在这种状态下，个体高度依赖于过去的情境而忽略（或简化）了环境中的新情况”。由于高度依恋于过去的经验，心不在焉阻碍了个体对当下现状的观察，这种现象被称为启发式决策依赖（Overreliance of Heuristic Decision – making）。正念能够“弱化将事件简化为熟悉事件的倾向，强化将事件区分为不熟悉事件的倾向”，因而被认为是对抗心不在焉和相关决策失误的一种方式（Weick & Sutcliffe，2006b）。思维漫游被定义为人类大脑的一种放任模式（Default Mode），它是一种独立于过程的刺激（Mason et al.，2007），通常表现为“沉思过去或未来”（Goleman，2013）。思维漫游通常还被认为是经历幸福感（Killingsworth & Gilbert，2010）和良好身体状况的反面（Mooneyham & Schooler，2013）。后来有研究发现，觉知（Awareness）和正念的开发（Ottaviani & Couyoumdjian，2013）能够有效解决这一问题。但正念或觉知开发的目标不是以任何方式压制思维的漫游，而是通过借助对所升起的思维及与此相关的情绪不加评判地观察而更深入地了解它的功能（Kabat – Zinn，2013）。个体也会因此更加意识到自己的思维漫游，从而不断调整自己的注意力。

通过以上对比分析可知，正念与冥想、情绪智力、专注、流这些相关概念相比具有其独特的内涵，而且正念也可被看作心不在焉或思维漫游的反面。准确理解和区分这些概念有助于澄清正念本身所具有的独特内涵，以便于更有效地应用于工作场所。

2.3 正念的测量

深入理解正念的测量对于检验和发挥正念对领导力及工作投入的作用具有非常重要的价值。选择信度与效度更好的测量工具可使研究达到事半功倍的效果。正念的测量一般可分为特质正念测量和状态正念测量两类。当前普遍采用自我评价的方法评价个体的正念水平。具体测量过程中会根据不同的应用场景、测量对象和研究目的而有所差异。学术界对于正念所包含的具体维度尚未达成共识，发展出的正念量表也不尽相同。本书总结出八种具有代表性的测量工具，表 2 – 2 归纳了这些量表的具体信息。

弗莱堡正念量表（The Freiburg Mindfulness Inventory，FMI）。该量表用于对

有过冥想经历者特质正念的测量，最初使用的版本包含四个维度共 30 个题项（Buchheld et al.，2001），用总分来表示被测者的正念水平。但后来的研究发现，四因素结构具有不稳定性（Walach et al.，2006），因而对其内容效度产生了质疑。Walach 等（2006）发现，采用单一因素结构来测量正念效果更好，将原先 30 个题项简化为 14 个，进一步完善了 FMI 量表。

注意力觉知量表（The Mindful Attention Awareness Scale，MAAS）。MAAS 量表被开发用于没有冥想经历的人群，由 Brown 和 Ryan 在 2003 年编制而成。该量表主要评估个体特质正念或状态正念出现频繁程度的差异，关注于对当前发生的事件是否存在注意与觉知（Brown & Ryan，2003）。该量表是单维度量表，共包含 15 个题项，内容包括了情绪、认知、日常等领域，采用李克特 6 点量表施测，采用反向计分，分数越低代表正念水平越高。虽然 MAAS 量表因为反向计分问题及单一维度受到质疑（Grossman，2011），但其仍是在工作场所中最广泛使用的量表，本书的研究测量亦采用此量表。

肯塔基州正念量表（The Kentucky Inventory of Mindfulness Scale，KIMS）。肯塔基州正念量表（KIMS）基于正念技能的辩证行为治疗（Dialectical Behavioral Therapy，DBT）特点，主要测量日常生活中保持正念的一般倾向（Linehan，1993）。该量表的适用群体较为广泛，包含临床和普通个体，以及有冥想经验和无冥想经验的人群。该量表包含多个概念维度，共 39 个条目（Baer et al.，2004），但 KIMS 的多个维度被认为并没有涵盖正念的所有核心方面（Walach et al.，2006）。Baer 等（2006）后来开发的五因素正念问卷（FFMQ）包含了 KIMS 的大部分条目，下文将讨论五因素正念问卷（FFMQ）。

五因素正念问卷（The Five Facet Mindfulness Questionnaire，FFMQ）。五因素正念问卷用于特质正念的测量，由 Baer 和 Smith 于 2006 年提出。Baer 等对已有的五种正念量表（MAAS、FMI、KIMS、CAMS、MQ）的结构和 112 个题项进行了研究，通过因子分析发现正念可以划分为五个清晰、独立的维度：观察、描述、有意识的行动、对内心体验不加评价、不回应，并开发出包含 39 个题项的五因素正念问卷。FFMQ 采用五级计分法，从“从不”到“非常经常或总是”，得分越高代表个人正念水平越高。FFMQ 既可使用分量表测量正念的单个维度状况，又可以加总看总体正念水平。

多伦多正念量表（The Toronto Mindfulness Scale，TMS）。Lau 等（2006）开发的包含 13 个题项的多伦多正念量表是一个状态正念量表，用于进行正念训练的主体对自身正念水平的即刻评估，对于长期正念训练的人群而言，量表的适用性还有待于进一步考察。该量表包含“好奇”和“去中心化”两个因子，“好奇”指个体对内外部体验所具备的开放度，“去中心化”指个体从一个更宽广的角度来感知和理解所有的体验。因此，多伦多正念量表对于测量当时经验的“去中心化”立场（正念注意的中心方面）具有明显的优势（Teasdale et al.，2002）。针对禅修群体的研究结果表明，TMS 的“好奇”子量表与正念的具体概念更相关。

认知与情感正念量表——修订版（The Cognitive and Affective Mindfulness Scale－Revised，CAMS－R）。最初的认知与情感正念量表包含 12 个条目，用于测量日常生活经验的状态正念水平（Feldman et al.，2007；Hayes & Feldman，2004）。该量表被设计的初衷是测量哪一类正念对于治疗抑郁症是有用的。当前的量表主要专注于对抗抑郁和分心。相比于 MAAS、FMI、KIMS 和 SMQ（Baer et al.，2006；Thompson & Waltz，2007），该量表与心理压力（如心理症状、神经质和情绪调节困难）有关的测量更为相关。CAMS－R 在两方面独一无二：一是它测量理解的正念意愿和能力而不是实现正念经验的能力；二是它与心理困扰的特定相关性。因此，该量表通常用于在诊所中针对特定个体的测量。该量表的信度较低，且由于研究者无法按照各维度的分数而只能依据总分来检验信度和效度，故此量表的适用范围在一定程度上受到了限制。

费城正念量表（The Philadelphia Mindfulness Scale，PHLMS）。费城正念量表（Cardaciotto et al.，2008）包含觉知和接纳两个维度共 20 个条目。该量表主要根据卡巴金（Kabat－Zinn）（1994）和 Bishop 等（2004）对正念的定义提出，理论上具有较好的基础，但其对觉知和接纳的定义较为局限。例如，对“觉知”的测量包括了开放性觉知、情感和感觉，忽略了与此相对应的觉知行动，而这些在肯塔基州正念量表（KIMS）或五因素正念问卷（FFMQ）中都有所体现（Baer et al.，2006）。再如，对接纳子量表定义仅仅包含消极的制定和捕捉经验性回避，而没有考虑积极的接纳、自我同情和不评价这些内涵。另外，由于 PHLMS 的样本量较小，从某种程度上提高了第二类型错误的可能性。

南安普顿正念问卷（The Southampton Mindfulness Questionnaire，SMQ）。南安普顿正念问卷（Chadwick et al.，2008）包含16个条目四个相关的两极方面，如“去中心化”的觉知和在认知反应中迷失、放下痛苦或什么也不做与自我反刍和担心。然而，探索性因子只支持单因素结构（Chadwick et al.，2008）。所有测量条目都以“通常，当我体验到痛苦的思想和形象时”来开始，接下来才是与正念相关的题项。从题项内容上看，SMQ与MAAS具有一定的相关性。该量表可能对于研究心理健康问题和正念觉知的关系有一定价值。由于测量条目不涉及正面或中立的现象，该量表更适合研究对于痛苦的内在体验的正念态度而不是更具体的一般性应用，且那些在日常生活中较少经历痛苦的个体也很难在日常经验测量中与SMQ的条目相关。

通过表2-2可以看出，基于开发者对正念测量的不同要求，以上量表的信度、效度、维度结构和测量定义都存在较大差异，而这种差异使当前量表难以对正念现象进行充分的评估（Grossman，2011）。尤其是在维度结构和测量定义上，MAAS为单一维度，其余均包含2个以上的维度，但这些量表除了FFMQ和KIMS可以使用不同维度分别计分外，其余量表均采用统一加总计分形式。就测量定义而言，MAAS适用于特质正念和状态正念两种，FMI、KIMS、FFMQ把正念定义为一种能力，CAMS-R、TMS将正念看作一种状态，PHLMS、SMQ将正念看作一种类特质。此外，以上八个量表均来自国外正式发表的期刊，国内学者在测量正念时，大多采用MAAS和FFMQ两个量表。由于国内在工作场所的正念研究尚在探索之中，关于正念量表信度与效度需要进一步验证。除自我报告方式外，近年来有学者提出测量个体正念的新方式。Collins等（2009）提出了以语言为基础进行正念测量，即将正念语言分为两类：描述正念状态和正念过程。研究者让在正念训练中的个体描述存在挑战的词语，以此来评估正念。Dobkin（2008）建议结合定性和定量的方法测量正念。研究者除了要求被测者进行自我报告外，通过访谈法询问参与者六个问题，进而观察他们在正念训练后的变化情况。伴随正念测量的发展，正念在学术研究领域不断取得丰硕成果。正念对人体机能的影响不断被发现，为正念在工作场所发挥作用提供了必要的支持。下文将回顾正念对人体机能的影响。

表 2－2 正念测量量表

测量工具	开发者	适用对象	定义	评分制	题项总数及示例	维度
弗莱堡正念量表（FMI）	Buchheld 等（2001）；Walach 等（2006）	有过冥想经历者	能力	4	30，例：“我接受我自己”	分为正念存在，不评价的接纳，经验的开放性和洞察力（0.93，0.86）
注意力觉知量表（MAAS）	Brown 和 Ryan（2003）	没有冥想经历的人群	特质状态	6	15，例：“我可能会在不知不觉情况下体验着某些情绪，直到后来才知道”	注意力和觉知，单维度（0.82）
肯塔基州正念量表（KIMS）	Baer 等（2004）	不要求被测对象有冥想经验	能力	5	39，例：“我批评自己有非理性或不适当的情绪”	注意（0.91；0.85）；描述（0.84；0.86）；有意识活动（0.83；0.76）
五因素正念量问卷（FFMQ）	Baer 等（2006）	更适用有冥想经验的人群	能力	5	39，例：“在洗澡的时候，我会留心浴水流淌过身体的感觉”	不反应（0.75）；观察（0.83）；有意识地进行活动（0.87）；描述（0.91）；对体验不加评判（0.87）
多伦多正念量表（TMS）	Lau 等（2006）	进行正念训练的主体	状态	5	13，例：“我更关心的是对自己的经历敞开心扉，而不是去控制或改变它们”	好奇（0.93）；去中心化（0.91）
认知与情感正念量表（CAMS－R）	Feldman 等（2007）；Hayes 和 Feldman（2004）	诊所中针对特定个体的测量	状态	4	12，例：“我试图注意到我的想法而不去评判他们”	注意（0.81；0.79）；关注当下（0.53；0.47）；意识（0.42；0.46）；接纳（0.56；0.66）
费城正念量表（PHLMS）	Cardaciotto 等（2008）	诊所人群	特质	5	20，例：“当我走在外面，我能意识到味道或空气对我脸的感觉”	意识（0.81）；接纳（0.85）
南安普顿正念问卷（SMQ）	Chadwick 等（2008）	诊所人群	特质	7	16，例：“通常，当我有苦恼的想法或想象时，我能注意到它们而不做出反应”	正念（0.89）

注：此表内容由本书笔者总结绘制。

2.4 正念与人体机能

以往心理学、脑神经科学和行为科学的许多研究成果发现了正念对人体机能的影响，本书从以下几方面进行概述。

2.4.1 正念与注意力

正念会影响个体的注意力，这是正念对人体机能发挥作用的基础。研究已经表明，正念能够改善注意力的质量，提高注意力的稳定性，并且能提高对注意力的控制力和注意效率。首先，正念能够提高注意力的稳定性。脑科学的研究表明，人类的大脑在清醒时有一半的时间在漫游（Killingsworth & Gilbert，2010），而正念能够使大脑稳定地注意到现在（Smallwood & Schooler，2015）。已有研究发现，特质正念和几千个小时的正念训练（Mrazek et al. ，2013）能显著减少思维漫游。其次，正念能够提高对注意力的控制力和注意效率。正念通过约束注意力的习惯性分配并减少对分散性信息的注意来控制注意力（Wadlinger & Isaacowitz，2011）。正念通过提升对注意力的控制，降低与任务无关的思考与活动，从而使注意力更有效率（Neubauer & Fink，2009；Slagter et al. ，2007）。有研究表明，参加正念冥想训练者的注意力更为集中（Tang et al. ，2015）。总之，正念与注意力稳定性（持续性而不是思维游离地注意当前的目标）、注意力控制（从一系列潜在目标中选择重要的潜在目标）以及注意力效率（注意资源的经济性应用和分配）紧密正相关。正念正是通过这些途径影响人体机能，包括认知、情感、行为和心理机能，从而塑造工作场所功能（Glomb et al. ，2011）。

2.4.2 正念与认知

正念对认知的影响包括认知能力和认知灵活性两个方面（Smallwood & Schooler，2015）。研究发现，正念会影响人的认知能力中的工作记忆和流体智力（fluid intelligence）。一些对多样化人口（如士兵、学生、教师等）的正念干预研究表明，正念训练可以增加这些人的工作记忆能力（Roeser et al.，2013）。同样，研究者也发现，即使在控制了一般性智力的情况下，特质正念也与工作记忆能力积极相关（Ruocco & Direkoglu，2013）。流体智力是一种通过评估模式和关系来处理、回应新奇信息的能力。研究表明，正念训练能提高流体智力（Gard et al.,2014）。另外，正念能通过产生新奇的视角和反应来提高认知灵活性（Walsh，1995）。研究发现，冥想经验与创造力思维有关，并且特质正念和正念训练都可积极预测顿悟式问题解决能力（Colzato et al.，2012；Ostafin & Kassman，2012）。Ding 等（2014）的研究发现，一些简短正念训练的参与者当遇到问题时更可能寻求新的视角，由于他们更大的注意力和控制力，其认知灵活性也会更高。因此，从整体上看，正念通过对注意力的影响增加了认知能力和灵活性，进而直接影响了工作场所结果（如人际互动质量）。

2.4.3 正念与情感

研究发现，正念会通过注意力影响个体情感（Wadlinger & Isaacowitz，2011）。情感是对观察到的刺激进行评价性反应的结果（Frijda，1988）。由于注意力能影响个体对观察刺激的选择，并改变对这些刺激的评估方式，从而可能会影响和塑造个体面对这些刺激时的情感反应。正念也会改变情绪反应的生命周期以及情感体验的整体效价（Desbordes et al.，2012）。正念能缩短情感反应周期，减少达到高峰情绪唤醒和回归基线的时间。正念训练还能使那些有社交焦虑的患者产生一个短暂的觉醒高峰（Goldin & Gross，2010）。正念还会影响个体对情绪刺激的反应程度。研究还表明，特质正念高的个体在受到压力之后会有更少的负面情感（Arch & Craske，2010）。一些特质正念和冥想练习者（长期或短期）的脑神经科学研究表明，正念也会抑制正向刺激的情感反应（Brown et al.，2012；Taylor et al.，2011）。由于正念的个体更客观地观察他们的经验，他们在感觉加工和叙事的自我加工之下出现一种大脑网络的解耦（减弱振波），因而提供了一定程度的心理分离（Farb et al.，2007；Hülsheger et al.，2014）。正念不仅与情感反应有关，而且与一般情感基调也有关。一项元分析的研究发现，正念训练能减少负面情绪、增加正面情感基调（Eberth & Sedlmeier，2012）。

2.4.4 正念与行为

正念对行为的影响主要是通过影响个体的自我调节功能来实现的。Glomb 等（2011）认为，正念赋予了个体高度的自我调节能力，从而改善了工作场所功能。自我调节意味着在刺激和行为反馈之间产生一个心理间隔，因而可以减少个体的自动化反应。自动化反应是一种毫不费力地从事某种行为而不对其运行进行有意识监督的能力。自动化反应能提高信息处理的自适应性，而在此时，个体的认知能力是受限的（Bargh & Chartrand，1999）。这种情况下，刺激可能很少被公正地看到；相反，刺激通过个体过去培养的习惯或习惯过滤器被看到。通过培养自动的操作意识和习惯化的行为（如经验过程），正念对于是否允许自动化反应运行或有意识地调节行为服务于更适应的结果提供一定程度的选择。实证研究表明，正念可以改变深度刻骨的成瘾行为。例如，正念练习通过减少对香烟的渴望和打破渴望与吸烟之间的连接有助于个体戒烟（Westbrook Creswell et al.，2013）。正念能在刺激（我想要香烟）和习惯性反映（去抽烟）之间创造一个间隔，从而使多种选择成为可能，帮助个体更为有效地调节自己的行为（如我去陪孩子玩）。正念也与其他方面的行为健康相联系，包括降低性欲和饮食冲动（Papies et al.，2014）。因而，正念通过个体自我调节功能影响了行为。

2.4.5 正念与生理机能

正念可以对人的生理机能产生影响。实证研究发现，正念与许多涉及应激调节的神经生物学机制相关（Creswell & Lindsay，2014），包括应对各种认知和社会威胁的压力反应（如不升高的皮质醇）、加速基线水平恢复（Brown et al.，2012）。研究发现，特质正念与正念训练能够改善睡眠质量（Howell et al.，2010；Hülsheger et al.，2014）。Hulsheger 等（2015）发现，提高的日常正念水平能够影响员工睡眠质量和睡眠持续（Sleep Duration）。Howell 等（2008）指出，正念可以减少睡眠前的入神和失眠引起的反刍（Rumitation）行为。Allen 和 Kiburz（2012）的研究发现，特质正念水平越高，睡眠质量与活力状态越好。正念也与大脑中的变化有关，包括脑组织结构的变化（如减少杏仁核；HÖlzel et al.，2010）、在脑组织模式和激活的区域功能性转换（Brewer et al.，2011）。

元分析发现，正念训练与注意力、记忆力和情感调节相关的大脑区域变化相联系（Fox et al.，2014）。研究者通过对正念练习者进行脑部扫描发现了正念练习者大脑结构非常清晰（Sato et al.，2012）。正念还与衰老过程有关，有证据表明，正念训练可能“减慢、拖延或者反转与年龄相关的大脑退化”（Luders et al.，2015）。一些研究者发现，禅修者表现出更少地与年龄相关的神经组织退化（Luders et al.，2015）。正念也影响与衰老相关的细胞过程；它与抗病性相连（Davidson et al.，2003），相应减少炎症和应激激素（Kaliman et al.，2014）。

通过以上回顾可知，脑神经科学、认知心理学，医学和相关的学科的研究已经奠定正念如何影响人体功能的理论基础。正念通过对人的注意力、认知、情感、行为和生理机能的影响从而在工作场所发挥重要作用。根据 Good 等（2016）的研究，正念影响了工作场所三个方面的成果：绩效、关系与幸福感。张静等（2017）将工作场所正念的影响分为工作态度、工作行为与工作场所溢出三方面。参考以上分类，基于“正念对领导力及工作投入影响”的核心研究议题，本书将从工作态度、工作行为两个方面对工作场所员工正念和领导正念相关文献进行回顾。

2.5 员工正念研究

2.5.1 员工正念与工作态度

员工正念对工作态度影响相关的实证研究包含工作情绪、工作投入、幸福感和工作家庭平衡。

第一，正念与工作情绪。工作场所的研究已经发现，正念和基于正念的训练与负面情绪减少（Roche et al.，2014），自我报告的倦怠水平下降（Flook et al.，2013；Krasner et al.，2009）和感知到的压力减少（Roeser et al.，2013）相关。Hülsheger 等（2013）通过 219 名雇员参与的为期五天的日记法测量也发现，无论是特质正念还是状态正念，都与员工的情绪耗竭呈负相关关系；又通过对 64

名参与者随机安排为控制组与实验组进行检验发现，与控制组相比，干预组明显经历了更少的情绪耗竭和更多的工作满意度；另外，该研究也发现，表层扮演（Surface Acting）在正念与情绪耗竭中起到中介作用。Mellor 等（2016）对英国一家组织接受正念训练的 23 名员工（12 名在实验组，11 名在控制组）进行了为期四周的跟踪调查，并对实验组人员前后进行了三次访谈，结果发现，相比于控制组，正念训练组明显增加了正念技能，生活满意度、希望和焦虑情况得到显著改善并得以长期维持。质性研究的结果表明，正念能带来更高的工作专注度和更好的人际关系。Long 和 Chirstian（2015）通过对 109 名大学生进行的 2×2 实验设计和对 264 名员工的在线调查发现，正念作为一个与工作相关的重要调节变量，能够对不公平引起的沉思默想和负面情绪起到缓冲作用，即通过减少沉思默想和负面情绪来减少工作场所的报复行为。

第二，员工正念与工作投入。Leroy 等（2013）的研究探讨了员工正念与工作投入的正相关关系及真实行为在该过程的中介作用。该研究基于自我决定理论提出假设，并在六种不同的行业（通信、咨询、建筑业和议会服务机构、公共服务机构和非营利健康保险机构）进行正念训练和三个时点（分别是训练之前、两个月训练之后和训练之后四个月）的数据收集，结果显示，真实行为中介了正念和工作投入的正相关关系，这种关系在静态情况下起部分中介作用，在不同时点的动态变化中起到完全中介的作用。Malinowski 和 Lim（2015）调查了员工特质正念与工作投入的关系，结果表明，自我报告的正念积极预测了工作投入，而且这一关系被与工作相关的积极情感和心理资本（希望、乐观、韧性和自我效能感）中介；该研究还发现了去自动化和面对压力的习惯性反应两项正念维度能够预测工作投入最核心的方面。通过增加积极情感、希望和乐观，正念对工作投入产生了积极效果。

第三，员工正念与幸福感。元分析证据表明，正念练习对于员工幸福感的一系列结果有强烈影响（Eberth & Sedlmeier，2012）。Reb 等（2015）的实证研究发现，正念的两面（员工觉知和员工心不在焉）均与员工幸福感相关，诸如情绪耗竭，工作满意度和心理需要满足。Allen、Henderson 等（2017）通过两个研究检验了特质正念与幸福感的关系。研究一通过 240 个样本发现特质正念调节了年龄和活力以及年龄和工作家庭平衡的关系；研究二以来自美国中年发展项目的

2477 名正念练习的个体为样本，发现正念练习可作为年龄和主观幸福感（生活满意度、心理健康和生理健康）的调节变量。研究也发现了员工正念在其他变量引发工作场所情绪与幸福感中能够起到调节作用。例如，Schultz 等（2014）的研究发现，自主支持的工作氛围与正念都与员工工作幸福感直接相关，而且正念在此过程中作为调节变量，即具有较高正念水平的员工即使在非支持性的管理环境中也更少地感觉到心理挫败。

第四，正念与工作家庭平衡。有三项研究验证了特质正念与正念干预对于工作家庭平衡积极相关。Allen 和 Kiburz（2012）的研究发现，特质正念与工作家庭平衡呈正相关关系，睡眠质量和活力中介了正念和工作家庭平衡的相关关系。Michel 等（2014）使用一种随机化等候控制组设计评估了一个为期三周的在线自我干预实验，结果发现，相比于控制组，实验组的参与者明显经历了更少的工作家庭冲突、更多的心理分离以及对工作生活平衡的满意感，这一影响在实验后能够至少维持 2 周时间。Kiburz 等（2017）通过简短的正念干预（一小时基于正念的工作坊和 13 天自我监控的正念练习）发现，短暂的正念干预增加了参与者正念水平，降低了工作与家庭的冲突，但没有减少家庭与工作的冲突。那些同时进行了自我行为监控的参与者比没有进行自我行为监控的参与者显示了更高水平的正念增加、更少的工作家庭冲突。

2.5.2 员工正念与工作行为

员工正念对工作行为的影响包含个体绩效、个体创造力、组织公民行为和偏差行为、团队绩效与领导力几个方面。

第一，员工正念影响个体绩效。研究已经发现正念影响个体多方面的绩效。与正念有关的智力流动（Postlethwaite，2011）、积极情感基调（Miner & Glomb，2010）、减少的应激反应和压力反应（Hunter & Thatcher，2007）提高了组织环境中的任务绩效。Reb 等（2015）的研究也发现了正念的两方面（员工觉知和员工心不在焉）与任务绩效相关。Dane 和 Brummel（2014）通过对餐馆服务人员的访谈和问卷调研发现，在动态服务行业环境中，工作场所正念与工作绩效呈正相关关系，加入工作投入各维度（精力、奉献和专注）作为控制变量，两者的相关关系依然显著；工作场所的正念与流动意图呈负相关关系，加入工作投入各维度之后，这一相关关系变得不显著。此外，有两项研究检验了正念与安全绩效的相关性。Zhang 等（2013）通过对核工厂员工（这些员工通常负责复杂的工作任务）的研究发现，特质正念与自我报告的安全感积极正相关。后续的研究在最有经验的员工和最聪明的员工中复制了这一发现（Zhang & Wu，2014）。Hafenbrack（2017）将正念冥想作为在特定工作场所进行的现场干预，并提出一个模型，讨论了在何时、为什么以及怎样进行正念冥想对四种工作绩效（承诺升级、反生产行为、谈判绩效和目标实现动机）是有用的或者是有害的。该文章详细讨论了正念冥想在工作场所可能的负面效果，丰富了人们对正念在工作场所作用的认识。Reb 等（2017）通过两个研究设计验证了正念与离职意愿和工作绩效的关系：研究一发现了正念与离职意愿负相关，情绪耗竭在两者关系中起到中介作用；研究二在不同行业重复验证了这一结论。进一步研究还发现了正念与主管相关的任务绩效正相关，情绪耗竭在两者之间起到中介作用。Strick 和 Papies（2017）验证了正念通过增加对内在偏好的信号敏感度减少内隐偏好动机与目标设定的分离这一假设。他们让实验组进行正念练习，而让对比组完成一个控制练习，最后发现经过正念练习之后，内隐偏好动机能够预测立即寻求目标的偏好。

第二，员工正念影响个体创造力。Baas 等（2014）通过四个研究设计检验了正念的不同维度对员工创造力的影响，该研究发现，观察（Observation）、觉知（Awarence，AWA）、描述（Description）和不加评判地接纳（Accept Without judgment，AWJ）几项不同的正念技能对创造力的预测效果不同。观察可以提高创造力，观察技能提升带来了创造力提升，观察导致认知灵活性的提高部分解释了创造力的提升，而且该结论排除了智商、心情和动机的影响。觉知不能预测创造力，而在觉知方面的增加会降低创造力。通过对观察和觉知的操纵证明了观察相比觉知可以带来更多的独创性。描述和不加评判地接纳不能预测创造力，但描述技能提升可以预测创新行为的增加。

第三，员工正念影响组织公民行为和偏差行为。Reb 等（2015）研究发现，员工正念的两方面（员工觉知和员工心不在焉）与组织公民行为和偏差行为相关。Krishnakumar 和 Robinson（2015）发现，特质正念与低反生产行为显著相关，这种相关关系被减少的敌意情感中介。Schultz 等（2015）的研究发现，即使在控制了工作氛围和需要挫败（Need Frustration）之后，正念与员工工作的不良状态负相关，表明正念可以作为一个直接角色强有力地应对工作中的不良状态。

第四，员工正念影响团队绩效。有两篇管理期刊文献涉及了该类研究。Cleirigh 和 Greaney（2015）探索了简短的正念干预对团队任务绩效的影响，结果表明，正念对于团队绩效有正向的影响。那些接受正念干预的参与者获得的分数明显高于控制组。该结果也支持了团队绩效和团队凝聚力之间的可能联系。Valentine 等（2010）的研究发现了正念与团队角色冲突的负相关关系。他们通过对位于美国西南部地区一家以教育为基础的区域健康科学机构的 781 名员工进行问卷调查发现，具有更高正念水平的个体经历更少的角色冲突。Yu 和 Zellmer - Bruhn（2018）在一项研究中引入了团队正念的概念，将其看作防止多级团队冲突转换过程的保障。其结果发现，团队正念与团队关系冲突正相关；团队正念会降低团队层面的任务冲突和关系冲突，并降低团队关系冲突对个体社会破坏的横向溢出。该项研究表明了团队正念对团队功能的积极影响。

第五，员工正念影响领导力。既有研究发现了员工正念对领导力影响的调节作用。Eisenbeiss 和 Van Knippenberg（2015）通过领导与下属配对研究发现，当下属具有高水平正念时，伦理型领导与下属自由决定的行为（包括下属额外的努力以及下属互助）有更强的正相关关系。Zheng 和 Liu（2017）的研究发现，员工正念调节了自我效能感在辱虐管理与创新绩效之间的中介作用。Kroon 等（2017）提出一个有调节的中介模型，证实了员工正念可以部分补偿变革型领导通过内在动机对员工角色外绩效的影响，因而正念可以作为领导理论的一个替代，即正念高的员工可以通过自我领导实现内在动机的提升继而增加角色外行为。

国内关于工作场所员工正念的本土化研究成果不多，主要的成果有郑晓明和倪丹（2017）通过经验取样法针对银行 113 名员工进行了为期两周的跟踪调查，研究发现，正念与工作—家庭增益显著正相关，工作投入在其中起到了中介作用，表层扮演负向调节了个体内层面的正念与工作投入之间的关系以及工作投入的中介作用。赵延昇和於学松（2016）探索了员工正念与人际公民行为的关系，发现信任发挥中介作用，工作关联性发挥调节作用。张韬（2015）的研究发现了正念对组织类型整合和学习的影响。张韬（2016）验证了自我效能感在正念思维与员工创造力之间的中介作用。

2.5.3 小结

本节主要回顾了工作场所员工正念对工作态度和工作行为的研究成果。结果发现，在当前员工正念的研究中，绝大部分研究关注了员工正念对个体内工作态度与行为的影响，少量研究关注员工正念对团队绩效的影响，更有少量研究探索了员工正念对领导力影响过程的作用。因此，员工正念的研究主要以个体内的影响为主，对个体间（人际及他人）的研究成果极为有限。现有研究并没有对员工正念是否直接影响领导力展开讨论，而且关于员工正念对工作投入的研究也只检验了少量中介（如基本心理需求、表层扮演、积极情感与心理资本等个体心理层面的机制），缺乏对其边界机制的探讨。因此，关于员工正念对领导力及工作投入的研究亟须深化和拓展。随着正念研究的深入发展，研究者逐渐开始重视领导正念在工作场所的作用，这一方面是因为领导者作为组织和团队的领军人物本身对组织有重要的影响，另一方面是因为以往的研究认为领导特质正念对员工态度与行为会产生重要的影响（Reb et al.，2014）。

2.6 领导正念研究

关于领导正念研究，一方面包括领导正念对领导者自身态度与行为的影响，另一方面包括领导正念对下属工作态度与工作行为的影响。

2.6.1 领导正念与工作态度

领导正念对工作态度的影响包含对领导者自身幸福感的影响和员工幸福感的影响。实证研究发现，领导正念影响领导幸福感。Wasylkiw 等（2015）对中层保健经理的研究表明，相比于控制组，静修的参与者具有更明显的正念增加及静修后持续八周的压力减少。也有研究从领导者角度发现了正念与幸福感的关系。Roche 等（2014）应用 CEO（n205）、中层经理（n183）和基层经理（n202）以及 107 名领导者四类样本，检验了领导者不同正念水平与他们的心智幸福感的相关关系，研究发现，四类样本均表明领导者正念与各类功能失调的结果（如经理人的焦虑、沮丧和负面情感、企业家的情绪耗竭和玩世不恭）呈负相关关系；心理资本中介了领导者正念与功能失调的结果之间的负相关关系。Brendel 等（2016）对比了两组人员，一组参与者（N＝20）持续八周、每周 45 分钟正念练习的干预，另一组参与者（N＝21）每周参加 3 小时研究生水平的领导力课程。通过对这两组人员的对比发现，参加正念干预的领导者表现了显著的促进调解焦点提升和焦虑特征与压力的减少，而毅力和对模糊的容忍性没有显著变化。实证研究还发现，领导正念也影响员工幸福感，这使领导正念的研究跨越到对人际的影响。Reb 等（2014）通过领导下属配对的研究设计检验了领导者特质正念与员工幸福感的相关关系，结果发现，领导者特质正念与员工幸福感的不同方面（如工作满意度、需要满足和情绪耗竭）积极相关，并且员工基本心理需求在两者关系之间起中介作用。

通过以上回顾可知，领导正念与工作态度的研究不仅涉及领导者自身，也涉及人际间，即对员工态度的影响，这在工作场所正念研究中具有重要意义。但同时也可以看到，有关领导正念对下属工作态度研究的成果相对单薄，只涉及一项研究。领导正念如何影响下属工作态度？其内在机制如何？领导正念作为情境变量又如何对下属工作态度产生影响？对这些问题的探索将有助于人们深入理解正念对领导力的影响机制与作用机制，推动正念在工作场所更广泛的应用。

2.6.2 领导正念与工作行为

领导正念对工作行为的影响同样包含对自身和对下属工作行为的影响。研究认为，正念训练能够潜在提升领导效能（Karssiens et al.，2014）。Shonin 等（2014）通过随机对照试验发现，接受正念冥想训练的中层经理表现出更大的与管理相关的绩效提升和团队控制力提升。Wasylkiw 等（2015）在医疗环境中研究了正念觉知训练对于领导效能的影响。该研究选取了来自加拿大东部的 11 名中层保健经理参与一个密集的周末静修和后续的正念觉知研讨会，在干预前后（4～8 周）对压力知觉和领导效能进行了评估，由合作者提供干预前后的领导力评估，并在干预后 12～16 周内对 8 名参与者进行了跟踪采访。结果发现，相比于控制组，静修的参与者汇报了领导效能的积极变化。Herring 等（2016）也发现正念沉思有助于提升工作场所领导力绩效。King 和 Haar（2017）以 84 名澳大利亚领导者为样本进行了研究，结果发现，正念与领导自我控制和领导组织变革正相关，任期时间调节了正念与领导自我控制的关系，即正念对于低任期时间的领导自我控制更有帮助。这一发现表明了正念对领导绩效的积极作用。Chesley 和 Wylson（2016）通过质性研究和问卷调查（使用五因素正念问卷）的方式发现，那些以正念方式应对企业变革的领导者（经常进行自我觉知练习）明显增加了与他人的沟通能力，能够坚持观点，并与他人的情绪状态保持一致。Verdorfer（2016）的研究发现，领导特质正念能够正向影响服务型领导，这是理论研究首次将领导特质正念与具体领导行为相结合，此项研究为进一步探索领导特质正念对领导行为的影响提供了参考。领导正念同样对下属行为有人际间的影响。Reb 等（2014）发现，领导者特质正念与下属更好的态度和行为显著相关。他们检验了领导者特质正念与绩效的相关关系，结果发现，领导者特征正念与员工绩效的不同方面（如角色内绩效和组织公民行为）相关，基本心理需要起到中介作用。最后，领导正念可以作为调节变量影响领导归因过程。Liang 等（2016）在一个辱虐管理的自我控制框架中检验了领导者特质正念对下属业绩和辱虐管理的调节作用，该研究发现，主管的特质正念减少了对下属敌意而导致辱虐管理的可能性，特质正念高的主管增加了对敌意的注意力和觉知以及自我调节能力，结果支持了正念对整个过程的调节作用假设。Hansen（2016）通过对 181 位经理的在线调查发现，正念能够调节工作压力对韧性的影响。相比于国外的研究，国内公开发表的关于领导者正念的权威性研究还非常少见。由此可见，领导正念对领导者自身以及员工行为的影响已经取得了一定的成果，然而，关于领导正念对领导力的影响，当前研究尚未发现系统而有说服力的成果，特别是融合下属正念与领导风格的整合性研究需要在未来进一步探索。

2.6.3 小结

本节主要对领导正念在工作场所的影响进行回顾与评述。研究发现，与员工正念相比，领导正念的研究不仅关注了个体内的影响，即领导正念对领导自身的影响，同时跨越到人际间的影响，即关注了领导正念对下属工作态度、工作行为和领导力本身的影响。这一拓展有效深入和丰富了正念在工作场所的研究成果。尤其是对于领导正念的研究，本身就包含了正念对领导力影响的认识。尽管已经取得了一定的成果，但也必须认识到，由于下属的特征可以在一定程度上塑造领导者及其风格（Grant et al.，2011），关于正念对领导力的影响，也需要讨论下属正念的作用。此外，由于领导力本身的关系属性（Kellerman，2008），还需要考察领导与下属正念将如何影响领导—下属关系。同时，当前研究并没有回答正念对领导力（领导风格与领导—成员关系）的影响会引发何种工作态度或结果。对以上这些问题的探讨，需要了解当前正念研究的理论基础和发挥作用的具体机制。本章下一节将讨论以往正念研究的理论基础。本书下一章将在归纳总结正念对工作场所的作用路径的基础上，结合领导力的当前研究，构建正念对领导力及工作投入影响的理论模型。

2.7 正念研究理论回顾——自我决定理论

自我决定理论由 Deci 等（1985）提出，该理论从动机视角将人类的思想和行为分为自主性动机、控制性动机两个方面，并针对外部动机如何内化为自主性动机进行了论述。自我决定理论自提出以来不断发展，经历了从意识领域到无意识领域的发展，理论体系已趋向成熟。Deci 和 Ryan（2008）首先定义了人类的三种基本心理需要，作为人类普遍和共有的基础性需要，具体如下：①自主需要（Autonomy），是指个体对于从事的活动不受他人控制而拥有一种自主选择的需要；②能力需要（Competence），是指个体感觉有能力胜任所从事活动的需要；③关系需要（Relatedness），是指个体和他人保持联系的需要。基于这三种基本心理需要，定义了内部动机，认为内部动机的产生是因为个体有内部心理需要，个体会尽力满足自主需要、能力需要、关系需要。

自我决定理论认为，外部动机的内化和无意识的调节都取决于意识。觉知被认为是意识的一种，被定义为对自己周围发生的事情广泛的注意和关注。一方面，觉知和自主性动机、积极的心理和行为相关，提高对自我的觉知有助于提高人们对自我内部的探索，从而提高自主定向（Deci & Ryan，2008）；另一方面，觉知对无意识动机有调节作用，Levesque 和 Brown（2007）通过实验研究发现，觉知状态能调节内隐动机对日常动机的影响。自我决定理论在注意力和觉知维持及提高方面提供了行为的依据和基础。Deci 和 Ryan（1980）认为，一个开放的元认知在促进与需求、价值观和兴趣相一致的行为选择上可能是有价值的。相比而言，无意识的或控制性的过程经常妨碍与需求和价值观相一致的选择（Ryan et al.，1997）。这样，觉知促进了对基本需要满足的注意，因而更可能调节行为去实现基本需求。Brown 和 Ryan（2003）认为，自我决定理论为正念在工作场所应用提供了可靠的理论解释。由于正念的个体具备更好的注意力和觉知，从而可以更好地对行为进行自我调节，这就为个体需求在工作场所的满足提供了可能。因此，自我决定理论有助于解释正念如何影响工作投入。然而，自我决定理论难以对正念影响领导力提供可靠的解释。当正念对个体行为与态度的影响中考虑了领导力因素时，需要将正念的作用原理与领导力相关理论结合，寻求新的理论解释。

本章小结

通过回顾文献发现，越来越多的研究开始关注正念在工作场所的价值。正念内涵的界定与区分、正念测量的发展以及正念对人体机能影响的研究成果为正念在工作场所研究提供了必要的基础和支持。根据不同的研究主体，上文中分别对员工正念和领导正念从工作态度、工作行为两人方面进行了回顾。基于文献回顾可以看出，工作场所正念的研究已经取得了一定有价值的成果，然而既有研究对于理解正念对领导力及工作投入的影响机制仍然有所不足。综合来看，主要表现在以下儿方面：

第一，既有的关于正念对领导力影响的研究理论基础薄弱。当前的研究理论上较多从自我决定理论的视角分析正念的影响效果，而关于正念对领导力影响研究的理论基础薄弱。正念如何影响领导力？领导正念与下属正念对于当前的领导力研究提供怎样的新价值？对这些问题认识的深化有赖于充分了解正念在工作场所的作用路径，并结合当前领导力的研究理论进行整合分析。

第二，既有的关于正念对领导力影响的研究内容有待深化。上述研究探讨了正念对具体领导行为的影响，但仅仅涉及了服务型领导一种领导行为类型（Verdorfer，2016）；另一项研究发现，领导正念作为调节作用影响辱虐管理。关于下属正念对领导力的影响都是作为调节作用。正念是否也可能影响其他类型的领导行为？领导正念和下属正念在其中分别发挥怎样的作用？这些问题都需要深入探讨。

第三，既有的关于正念对领导力影响的研究视角有待突破。以往正念对领导力的研究都是考虑单一层面，或者讨论领导正念的影响，或者讨论员工正念的影响，并没有从两者交互作用的角度讨论正念对领导力的影响。对于领导力本身的解释也是聚焦于单一领导行为类型，没有对领导与下属关系进行讨论。有赖于领导力三元构成要素（领导者、下属和领导与下属二元关系）（Hollander，2012），有必要整合正念与领导力的研究成果，寻求领导与下属正念交互视角对领导行为、领导—下属关系的影响，以为这一问题提供新解释。

第四，既有的关于正念对工作投入影响的研究仅考察了领导正念或下属正念单一层面，没有讨论两者交互作用。同样对于中介机制，目前只发现了积极情感和心理资本（Leroy et al.，2013；Malinowski & Lim，2015），对于正念交互作用影响工作投入的中介机制有待进一步探索。为厘清上述问题，理论上有必要探索领导和下属正念交互作用对工作投入的影响机制。

3　正念对领导力及工作投入影响的模型构建

本章主要通过理论分析，对正念影响领导力及工作投入的作用机制进行深入的探讨，采用领导与下属交互视角，建立一个有关正念对领导力及工作投入的影响机制模型，为下一步进行实证研究提供理论依据。

3.1　正念在工作场所的作用路径

回顾正念研究的相关文献可以发现，正念在工作场所的研究取得了丰硕成果，然而，已有对于正念如何影响领导力的研究仅仅局限于对领导正念或员工正念与个别领导行为的零星探索，且缺乏相应的理论分析，这对于实践领域中正念对领导力开发项目的价值仅提供了有限解释，也难以推动正念在领导力实践中的进一步发展。同时，关于正念影响工作投入的中介机制探索也有待深化，因而带给实践领域的指导有限。理论和实践呼唤正念对领导力及工作投入的作用机制进行研究，这是当前必要而紧迫的课题。值得欣慰的是，关于正念如何导致了工作场所的积极成果，学者已经给出了几种解释机制（Gu et al.，2015），这些机制将为本书进一步分析正念对领导力的作用提供重要的路径参考。本节将综合已有的研究文献，对当前工作场所正念的作用机制进行理论分析，旨在厘清正念在工作场所发挥作用的路径，为推动正念对领导力及工作投入影响的理论模型构建提供指引和方向。在学者提出的几个解释机制中，Vago 和 Silbersweig（2012）提出的 S－ART 框架较为全面地概括了正念在工作场所发挥作用的三种机制：自我觉知（self－

awareness)、自我调节(self-regulation)和自我超越(self-transcendence)的开发。S-ART框架运行的基本前提是与日常经验相关的感知、认知和情感可能被个体扭曲或持有偏见的程度不同。可以通过正念训练来减少偏见,训练形式包括开发自我的元认知能力(自我觉知),有效管理或改变个体的反应与冲动的能力(自我调节),以及超越自我为中心的特征,增加亲社会特征的一种积极关系开发(自我超越)(Vago & Silbersweig,2012)。S-ART模型(Vago & Silbersweig,2012)对正念作用机制的描述将有助于理解正念在工作场所的价值,但对于工作场所人际互动关系的考察稍显欠缺,如正念如何影响了个体对他人的觉知、正念如何有助于工作场所关系的开发。Miksch等(2015)建议,可以考虑开发更适应检验的替代性模型,以推进正念在工作场所实践。因此,本书在这一框架的基础上,进一步综合前人的研究成果,提炼出正念在工作场所发挥作用的三条路径。

3.1.1 深化个体觉知

根据Mikulas的研究(2011),觉知"涉及个体对思维内容的意识体验"。正念练习或特质正念的一个重要功效就是深化自我觉知和对外界环境的觉知。自我觉知通常被定义为"人们意识到自己的特点、情感和行为的心理状态"(Crisp & Turner,2010)。自我觉知是一种通过持续的注意习惯而获得的高度发展的能力(Vago & Silbersweig,2012)。个体通过集中思想、感情和感觉的反复练习,获得对自我觉知的持续注意,逐渐将自我觉知作为注意力的目标并以一种不评价的态度接纳,最终导致自我觉知的发展(Gunaratana,2011)。根据S-ART模型,自我觉知的变化是正念与组织积极结果之间关系的一个中介,这在以往的实证研究中已经获得验证(Reb et al.,2013;Zamahani & Rezaei,2014)。其他一些学者的研究模型中也体现了正念对觉知的影响。例如,Shapiro等(2006)提出的正念IAA模型,从注意(Attention)、意图(Intention)和态度(Attitude)三个方面导致个体以下四个机制的再感知和变化:自我调节,情感、认知和行为灵活性,价值观的澄清,以及显露。其中,情感、认知的变化,价值观的澄清,以及显露都可深化或提升个体的觉知。又如,Brown等(2007)也描述了正念治疗效果发挥作用的几个过程,包括强化洞察力和显露的变化。类似地,Baer(2003)

也确认了正念发挥作用的关键机制包含显露、认知变化和接纳，这些变化直接影响个体觉知。HÖlzel 等（2011）的理论回顾则更为系统地整合了自我报告和实验数据的神经科学研究结果，提出了正念发挥作用的四个机制：注意力调节、身体觉知、情感调节和对“静态”自我的透视。以上这些发现反映了正念可以深化个体觉知的发展。个体通过自我觉知感知和解释周围的工作环境，与之相互作用，从而产生有利的结果。同时，注意力幅度的拓宽，增加了对外界环境的觉察（称为开放性觉知）。例如，在许多工作环境中，个人与周围环境密切相关，因为周围发生的事件和现象可能包含关键信息，有时也预示着潜在的威胁（Bazerman，2014；Ocasio，2011）。开放性觉知能够使个体注意到可能被忽略的关键信息，从而做出适应性的反应（Dane，2011）。此外，正念影响个体注意力的生动性，从而使人们能够在观察到的事件中看到更多的细微差别和复杂性，特别是寻找（发现）迫近的危险信号（Rerup，2009；Valentine et al.，2010）。从本质上来说，注意力的生动性应该能使人认同他们当前情况下的相关机会，并帮助他们更有效地运行（Dane，2013）。

3.1.2 增强自我调节

自我调节（Self-regulation）变化可能是正念在工作场所带来积极结果的另一个方面。自我调节是一种管理和改变个体反映与冲动的能力（Vago & Silbersweig，2012）。自我调节的重要性在于它支撑个体对思想、情感和行为的控制（Lakey et al.，2007；Neck & Houghton，2006）。从本质上讲，自我调节能使人们对自己的行为有更大的控制力，从而减少他们对自动心理过程的依赖（Glomb et al.,2011）。许多研究者提出，通过正念或冥想训练可以开发自我调节（HÖlzel et al.，2011）。学者们提出的正念发挥作用的机制中均提到了正念对自我调节的影响。例如，Brown 等（2007）描述了正念治疗效果发挥作用的几个过程，包括强化不依恋、增强身心功能和整合功能。Baer（2003）也确认了认知变化、自我管理、放松和接纳为正念发挥作用的关键机制。佛教心理模型提到了正念练习的机制包含注意力调节和降低心理扩散，两者都涉及了自我调节的内涵（Grabovac et al.，2011）。Glomb 等（2011）明确了正念影响自我调节的两个核心心理过程和一个核心的神经生物学过程：①自我与事件、经历、思想和情绪的剥离（Hargus et al., 2010); ②过去经历、模式和认知习惯限定性思维自动化过程的减少，也有学者将这一过程称为“去自动化反应”“对觉知和认知自动化过程的一种解构”(Deikman, 1982); ③提高对生理系统的认识和调节。除此之外，Glomb 等 (2011) 还确定了七个附加的次级过程，包括减少反刍行为，反刍行为是一种反复的并且被动地聚焦于关注症状、原因和痛苦的后果 (Nolen - Hoeksema, 1991); 更大的同情; 增加反应灵活性; 改善情感调节; 增加自我决定和更坚持不懈; 提高工作记忆和在情感预测中更大的精确性。基于这些过程的正念实践有望改善员工的工作功效。Glomb 等 (2011) 认为，这三个核心和七个次级过程形成了一系列的途径，正念和以正念为基础的实践基于此改善了自我调节，最终提高工作功效。也有学者认为，正念通过“去中心化”(decentering) 影响个体的调节功能。“去中心化”是“一种透视性的正确转变，允许个体认同一个人意识的内容（思想和情感）并使用更大的清晰度和客观性来看待当下的经历”(Shapiro et al., 2006; Shapiro et al., 2008)。正念通过“去中心化”创造情感和反应的空间，以及对思想和情感的危害性认知，这种拓宽的精神状态使个体免除自动化的反映并允许对当前经验进行更中立的重构 (Teasdale et al., 2000)。个体这种将自我与经验分离的能力是形成自我调节能力的基础。正念影响自我调节的中枢机制是情绪调节。情绪调节涉及转换个体注意力的能力，同时调节持续的情绪活动 (Carver & Scheier, 2004; Koole et al., 2011)，是自我调节的重要部分。情绪调节一直被认为是对正念的积极有益的中枢机制，个体通过情绪调节产生一种不评价、开放的对当下的注意，允许个体去认清思想和事物的本质，避免进行关键性的批判或陷入沉思的螺旋 (Bishop et al.,2004; Goldin & Gross, 2010)。这一影响有其神经学的基础，脑神经科学的研究发现，状态正念和特质正念能够增强情绪调节的大脑回路 (Davidson, 2000; Siegel, 2007)，因而影响了情绪调节 (如 Fredrickson et al., 2008)。研究表明，不管特质正念还是后天的正念训练，都会对情感调节有深入的影响（如减少的反刍行为）(Baer et al.,2009)。McEwen (2008) 指出，正念练习允许个体调节他们对情况的反映。情绪调节的结果是个体经历更多积极的情绪或者具备更强的与负面情绪共处的能力。积极情绪被认为对个体从不良事件中恢复生理机能和促进更好的情绪与行为调节起到关键作用 (Fredrickson, 2000)。研究发现，正念通过增加的觉知能够提升个体对于积极情感的经验和投入，即通过正念，个体更可能注意到在生活中积极的实践而经历更多的积极情绪（Erisman & Roemer，2010）。元分析结果表明，正念和积极情绪状态正相关。此外，正念高的个体面对压力和不利的情况倾向于表现出更大的反应灵活性。通过消除习惯性的刺激反应联想，正念能够加快从负面事件中恢复和进行更灵活的思考，这些都有助于行为在工作场所的积极结果。由于自我调节缺失容易引发注意力偏见，继而可能引发反刍行为，妨碍信息加工能力和导致任务中的认知干扰（Yiend，2010）。实践表明，各种各样的正念练习减少了个体的注意偏见和可能妨碍自我调节的感知（Chiesa & Malinowski，2010）。

3.1.3 促进人际关系

不管特质正念还是后天的正念训练都促进更好的人际关系（Barnes et al.，2007；Saavedra et al.，2010）。在本质上，正念不评价、对自己内在思想当下的觉知促进了对他人的内部状态的理解（Block - Lerner et al.，2007）。越来越多的社会神经生物学研究表明，个体与他人相处的能力在一定程度上取决于个体对自己思想和内心状态的了解（Siegel，2010）。通过正念产生元认知意识，个体可以发展理解自己内在情感过程的能力，从而更好地理解他人的情感过程（Teasdale et al.，2002）。通过不断的强化，发展内在的和谐，促进人际协调发展（Siegel，2007）。几位学者的正念作用机制模型也提到了正念对人际关系的影响。例如，Brown 等（2007）描述了正念治疗效果发挥作用模型中包含了不依恋的特征；Baer（2003）认为，接纳是正念发挥作用的关键机制之一；佛教心理模型提到了正念练习对个体幸福感的影响机制包含接纳、同情、道德实践、不依恋和不讨厌，这将有助于个体发展亲社会行为（Grabovac et al.，2011）。个体通过正念产生更稳定的注意力、降低的情绪反应和更积极的情绪基调，可能是理解正念对关系有益效果的关键。本质上，正念促进了工作场所与他人相关的健康方式（Giluk，2010），其中包括换位思考、减少习惯性的反应。研究发现，特质正念与亲密伙伴之间的关系质量和稳定性正相关（Quaglia et al.，2015b；Wachs & Cordova，2007）。状态正念与亲密伙伴之间更好的沟通质量有关，特质正念和对保健医生的正念训练都有助于提高沟通质量，包括用增加的觉知和更少的对他人的评价而进行的开放式倾听（Barnes et al.，2007；Beckman et al.，2012），以及更好

的客户关系质量（Beach et al.，2013）。也有研究结果（Brown & Ryan，2004）直接表明，用 MAAS 测量的正念与感知的关联和人际亲密感正相关。

正念可以改善关系功能的途径多种多样，本书将其归纳为三种：一是更多地关注他人。正念可以通过持续关注互动伙伴来改善人际关系，从而改善交流，增加交流情感信息的能力（Wachs & Cordova，2007）。Vago 和 Silbersweig（2012）认为，正念通过克服自我中心并更看重亲社会行为的价值而实现自我超越。正念通过提高对他人的注意力（Fiori et al.，2014）产生超越自我需要。这些机制已被证明可以改善组织公民行为和减少工作场所的物质主义态度（Torlak & Koc，2007）。二是更少的情绪反应。特质正念和状态正念可以通过情绪调节更好地应对工作中的负面事件，包括减少反刍、消极情绪和报复，从而改善人际关系（Long & Christian，2015）。特质和状态正念与敌意和攻击行为负相关（Heppner et al.，2008）。三是正念通过更大的同理心和同情心改善人际关系。相关研究支持特质正念和同理心之间的联系（Dekeyser et al.，2008）。在一个新奇的研究中（Condon et al.，2013），随机分配到基于正念的减压项目的参与者表现出比对照组更大的同情心。其他研究表明，正念能增强人们处理人际关系压力的能力（Barnes et al.，2007）。这些积极影响可能部分归因于正念增加对关系伙伴的同理心关注（Block－Lerner et al.，2007）。一些研究已经指出，正念可以培养自我在特定的社会环境中的相互依存关系，以增强同理心和心智化能力（Singer & Lamm，2009）。这些相互依存倾向也有神经心理学的基础，如若干对成人的研究验证了与心智化能力和同理心相关的社会认知网络中机能活动得到了增强（Fan et al.，2011）。Eisenberg 等（2010）发现，一个人同情能力影响其他人的感知和对个体的感情，这将促进个体之间的关系建立和维护。持续的正念练习也有助于促进趋近行为（作为回避行为的反面），趋近行为通过提升兴趣、赞同和接纳带来了更健康的结果（Sin & Lyubomirsky，2009）。以上这些过程可能有助于改善工作关系。

3.1.4 小结

本节从深化个体觉知、增强自我调节能力和促进人际关系三个方面讨论了正念在工作场所发挥作用的机制，这些机制通过不同的途径带来了正念的积极结果。针对这些机制的探讨为下一步建构正念对领导力影响的模型提供如下启示：首先，正念通过深化个体觉知使个体与周围的工作环境产生丰富的信息交换与互动。由于领导是组织中至关重要的情境因素，领导与下属的觉知能力可能对领导力的形成产生影响。其次，正念对自我调节能力的影响反映个体更好的自我控制能力和对工作场所负面事件的应对能力，增加积极情绪和减少负面思考的能力。正念可能通过自我调节能力有效抑制领导负面行为或个体对负面行为的包容与消解能力。最后，正念对人际关系的重要效果将有助于分析组织中领导—下属关系。正念在工作场所作用机制的影响路径如图 3 - 1 所示。

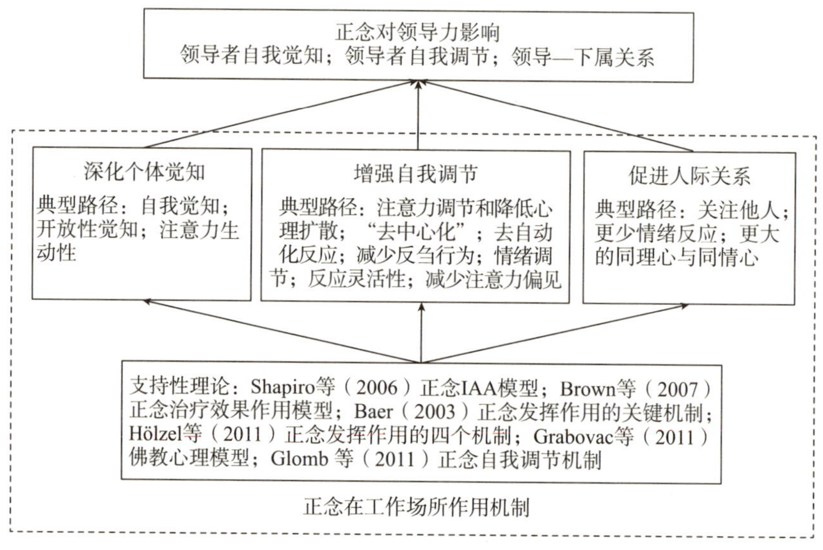

图 3 - 1　正念在工作场所作用机制与领导力

基于以上讨论，本节对于正念作用途径的理论分析将为后续深入理解正念对领导力的影响提供有效的方向指引，从而为进一步分析正念通过领导力影响工作投入提供可能。在此基础上，本章将结合领导力研究的相关概念与理论，采用组织中领导力分析的交互视角，结合上述影响路径，建构正念对领导力及工作投入的影响模型。

3.2 研究视角与理论基础

3.2.1 研究视角分析

领导力，可以被定义为一种风格或行为，也可以被定义为一种有效态度与行为结果的描述。尽管关于领导力（Leadership）的研究要追溯到20世纪早期，但迄今为止，对于什么构成领导力的理解莫衷一是（张志学等，2016）。学者从不同视角、不同方面对领导力的形成与构成进行了界定。其中，Basu（1991）、Tierney（1992）和Scott（1993）三位学者对领导力的界定得到较为广泛的认可。他们认为领导力是一个多方面的构念，涉及领导者（Leader）、下属（Follower）和领导与下属的双元关系（Relationship - based Approach）。基于上面三位学者对领导力的界定，Graen 和 Uhl - Bien（1995）认为，领导力的研究可以从三个方面考虑。首先，关于领导者方面需要考虑的关键性问题包含：什么样的个性特征和领导行为的适当组合促进领导力；研究测量可聚焦于领导者特质与行为相关的变量。其次，从下属方面考虑，关键性问题包括：下属的特征与行为如何适当组合促进领导力；研究测量聚焦于下属的特质、行为与态度和感知的期望等怎样影响对特定领导风格的效能。再次，基于关系方面的考虑主要聚焦于领导—下属二元关系（Relationship - based Approach），其关键问题是什么样的关系特征能够促进领导力，这种研究包含领导与下属之间的信任、尊敬、互惠性交换等，主要探索基于关系的有效领导力如何开发、维持与整合。最后，考虑如何整合这些信息而获得一个全面的领导力过程图式，以促进领导力开发。Graen 和 Uhl - Bien（1995）认为，长期以来，下属和领导—下属关系的研究未受到重视，他们鼓励应在今后的研究中关注领导力的三个方面如何共同对领导力起作用。

领导力研究视角也经历了从领导中心、下属中心到领导—下属关系三个方面的不断演化。早期的研究主要关注“领导中心视角”，即主要关注领导者特质、行为或风格对领导效能的影响（Meindl，1995）。随着人们对领导力认识的加深，有学者指出（Brown & Lord，2001）领导力所“涉及行为、性格和特点实际上是由他们的观察者解释的”。因此，领导力的科学研究要求加强对下属的认知敏感而不仅仅是领导公开的行为。而后更有学者（Uhl－Bien et al.，2007）提出单方面强调“以领导者为中心”的研究取向，无法适应动态环境变化中组织领导力提升的需要。Grint（2000）认为，领导力研究从理论上看是不够的，因为它在解释领导力构成时排除了下属的作用。Grint（2005）进而认为是下属决定领导力的效果。Howell 和 Shamir（2005）认为，“下属在建构领导力关系、使领导授权并影响他/她的行为中能够扮演一个更积极的角色，并最终决定了领导力关系的结果”。Shamir（2007）认为，早期的以领导为中心的领导力研究忽略了下属的作用，建议检验下属期望、价值观和态度对领导行为与动机的影响，以及下属的个性（Characteristics）和态度如何影响领导者行为并决定了领导力关系本质。从下属中心视角来看，在领导力的形成过程中，下属的特质和感知共同驱动领导力的构建被认为是和领导者特质与行为同样重要的因素。追随力（Followership）（Carsten et al.，2010；Collinson，2006）作为一个新的领导力研究分支被提出，被称为“追随者中心的领导研究”（Kohles et al.，2012）。该观点认为，领导力是一种社会建构，领导者的出现产生于追随者认知、归因和社会认同的过程中（Uhl－Bien et al.，2014）。这种观点与领导中心观点相对应，主要注重下属在建构领导力中的角色，强化了下属对领导者感知、态度、行为或决策更为积极和明确的影响。实证研究发现，在领导力研究中引入“追随者中心视角”能够大大增加对领导力形成的理解。追随力观点出现被看作是与领导力研究具有同等价值的主题（Uhl－Bien & Pillai，2007）。Meind 等（1985）认为，下属通过对领导者个性、行为和效果的解释来构建他们对领导者的理解，领导力显著受到下属这种建构方式的影响。追随力视角的引入为深入理解领导力形成提供了必要基础。然而，由于一段时间里，这一研究趋势被过分强调，未免出现“矫枉过正”倾向，更多学者开始强调一种整合视角，即兼顾领导中心与下属中心的视角，将领导力理解为一个社会性过程，由领导者与下属共同建构、相互影响而成，他们强调着重从领导者与下属互动关系视角来理解领导力的形成过程（Avolio，2007；DeRue & Ashford，2010；Oc & Bashshur，2013）。由于现有的正念对领导力影响的研究仅仅考虑了领导正念或下属正念单一方面的影响，本书认为尚未能很好地回答正念如何影响领导力这一问题。交互视角（Hollander，2012）兼顾了领导者与下属在领导力形成中的角色与作用，对于分析正念对领导力的影响具有重要的价值。因此，本书基于交互视角探讨领导与下属正念对领导力的影响。下面介绍用以解释“下属中心视角”的“内隐领导理论”，在此基础上，结合领导正念和下属正念，讨论与之相关的具体领导行为与工作态度，从而构建一个正念对领导力及工作投入影响的理论模型。

3.2.2 内隐领导理论

内隐领导理论（Implicit Leadership Theory，ILT）是一种用于解释下属对领导者区分的认知分类体系。该理论认为，下属保持在潜意识层面区分领导者与非领导者（Shondrick et al.，2010），领导的效果和效能很大程度上取决于下属的感知和解释（Nye，2002），即领导力的实际效果并非与“真实的事实”直接相关（如作为一个领导者实际性格和行为的结果），而是与观察者对事实的社会建构（一种对领导力的心理表征，即下属对领导者的行为或性格的“客观”认知取决于下属用于理解领导力所参考的认知框架）相关（Gioia et al.，1994）。Lord's认为，一个人要成为一个有效的领导者首先应该被感知为一个领导者。因此，“以追随者为中心”的领导力研究方法重视下属在领导行为认知中的信息加工过程（Lord & Maher，1991；Meindl，1995；Shamir，2007）。下属通过信息加工过程识别具体的领导行为（Shaw，1990），通过感知领导者的表现识别正面或负面的领导力特征（Epitropaki & Martin，2004）。

进一步使用领导分类理论来解释这个问题。分类理论指出，人们依赖象征性的知识结构即原型，为他们的环境赋予意义（Rosch，1975）。强有力的证据表明原型在领导分类中扮演重要角色（Lord et al.，1984）。每一个下属都有一个内在的有效领导原型，称为内隐领导原型，构成下属对领导行为好坏的判断基础。当下属观察到的领导行为和个体的内隐领导理论原型相匹配时，下属更容易将其知觉为好的领导者，而下属用于确定不同领导的原型取决于下属的特征。内隐领导理论（Nye，2002）的相关研究已经发现，下属性格影响对领导力的感知。研究还发现，在大五人格维度和内隐领导原型之间存在相似性（Keller，1999；Offerman et al.，1994）。性格有助于更好地理解对特定领导力归因的潜在机制（Puffer，1990），被认为对领导风格的归因程度有直接影响，这为分析下属正念对领导行为的感知提供了有效参考。因此，内隐领导理论强调了下属感知对领导力理解的重要性，也为分析下属正念如何影响感知的具体领导行为提供了理论分析基础。

内隐领导理论反映下属对领导者特质和行为的普遍看法（Schyns & Meindl，2005）。研究进一步认为，下属更可能基于与领导潜在人格维度的相似性来发展他们的内隐领导原型（Keller，1999）。研究已经表明，个体更喜欢并倾向于选择那些与自己性格、价值观和态度相似的人作为伙伴（Caspi & Herbener，1990）。Hollander 和 Webb（1955）研究指出，有效的领导者通常具有与下属十分相似的特质。Shamir 等（1993）的研究强调了下属与领导的相似性是变革型领导归因的重要方面。Felfe 和 Schyns（2010）的研究发现，领导性格中介了下属性格与感知的领导力之间的关系，因而可以认为下属人格与领导人格相似有助于对领导力的感知。Keller（1999）区分了两种理论立场来解释为什么相似性是有价值的：一种是关于相似和吸引力的研究已经表明相似性更受偏爱；另一种是积极的自我幻想更容易投射到与自己相似的人身上。因此，相似性有助于确认自己的态度、减少不和谐、稳定自己的自我概念（Shamir et al.，1993）。Keller（1999）因而得出结论，“如果一个理想的领导力原型与自己相似，那么人格特质与内隐领导理论相关”。以上分析为引入领导正念作为下属正念对领导行为感知的情境变量提供了有效的支持。

3.2.3 特质正念对领导力分析的价值

通过上文的文献回顾与理论分析，明确了领导力的研究视角演化。结合内隐领导理论，下属所建构的内隐领导原型更多地受到个体特质的影响，同时下属与领导人格特征方面的相似性有助于下属对领导行为与风格的感知，这就为通过特质正念分析领导力提供了基础。然而，特质正念对于分析领导力是否一定是必要的？相对于其他特质，特质正念又将为领导力构建带来哪些新价值？本节将从以下四个方面进行讨论分析。

第一，提供崭新的研究视角。关于领导者特质的研究由来已久。以往研究发现大五人格（外向和宜人性）与变革型领导正相关，特别是魅力方面（Judge &

Bono, 2000)。Judge 等（2002）报告说外向性是领导力最一致的预测因子。近年来，关于领导内在特质影响领导力的视角研究又日趋繁盛（毛江华等，2017；Melwani et al.，2012），一些研究将个体特质视为预测和影响领导力水平的关键变量（Antonakis et al.，2012）。例如，一项最近的研究表明，下属人格（宜人性、外向性、经验的开放性和责任心）可能影响对变革型领导和交易型领导行为的评价（Bono et al.，2012）。虽然既有研究已经发现了特质与领导力的相关性，但以往研究对于领导者注意力品质的关注非常有限。由于正念影响个体注意力质量、认知能力、情感能力和生理健康水平，对于领导者来说，无论保持对当下复杂环境的觉察，还是在纷繁复杂的局势中保证专注的能力，都具有非凡的意义。而基于上一小节对领导力研究视角的讨论，在领导力的研究中采用领导与下属交互视角，从领导正念和下属正念两方面关注正念对领导力的影响。

第二，正念影响领导者自我觉知及下属对领导行为的感知。具有自我觉知的领导者能够检视自己的工作行为，培养积极的管理风格，从而准确评估他们的管理风格对下属和同辈的影响（Atwater & Yammarino，1992）。有研究认为，具有自我觉知的领导者倾向于评估他们自己的优势和劣势，能够洞察下属的发展需求，因而引导下属积极参与发展活动和培训计划（Noe & Wilk，1993）。自我觉知高的领导以非评判的方式对待下属，进而可能引发下属的信任和心理安全感（Mayer et al.，1995）。Reb 等（2014）认为，通过正念带来注意力品质的提高可能使领导者对下属的需求有更丰富的觉知。与此相关，Quaglia 等（2015b）也发现特质正念与更大的注意力控制相关，反过来能够预测高级的面孔识别。这些研究表明，正念高的领导者可能与下属进行更有效的非语言沟通，因而可以更好地识别个体差异与需求。从下属中心的视角来看，下属正念也会影响其对领导行为的感知。例如，具有高度自我觉知的下属也对领导自身的要求有更清晰的感知，从而可能更有效地完成领导交办的任务。正念带来的高注意力品质使他们更容易与领导产生有效的互动。同时，基于内隐领导理论的分析，正念高的下属具有更高的自我觉知，更可能将自我觉知作为领导力判断的原型，以判断领导力的有效性。

第三，正念影响领导者及下属的自我调节。正念可能通过影响领导者自我调节行为来影响领导力绩效，自我调节是实现优秀管理的关键（Ashford & Tsui，

1991）。正念的个体由于具有更高的自我觉知，因而有能力意识和控制自己的认知冲动，这些冲动常常带来焦虑并使其陷入困境（Bishop et al.，2004；Kabat - Zinn，2011）。下属正念亦可通过影响自我调节来影响对领导力的感知。下属通过认知评价有压力的工作环境，包括长期辱虐的上级和不愉快的工作环境，通过更少的自动化反应减少或中和工作事件中的习惯性反应，以及通过将个体的自我关注与经验进行分离，来缓冲个人消极的工作经验，允许更多的情境适应和有效的应对（Weinstein et al.，2009）。正念已经被证明对处理负面认知有积极的影响（Frewen et al.，2008）。研究表明，特质正念与自我反刍和焦虑负相关（Brown & Ryan，2003）。正念也被证明可以增加更真实的行为和减少由于他人评价而带来的恐惧感（Carson & Langer，2006）。正念通过增加领导者和员工韧性与绩效正相关，反过来促进更好的绩效（Hulsheger et al.，2013；Sauer & Kohls，2011）。

第四，正念有助于解释基于关系的领导力（leadership based on relationship）。如果有效的领导依赖于领导者和跟随者之间的关系（Howell & Shamir，2005；Uhl - Bien，2006)，那么正念改善社交活动的能力可能有助于有效领导。Sauer和Kohls（2011）提出，正念可能通过促进信息处理、人际互动和决策质量的改善而使领导受益。实证研究表明，正念与个体判断准确性和对相关问题解决的洞察力正相关（Ostafin & Kassman，2012)，因而也可能促进领导与下属关系质量。

以上讨论为特质正念（Dispositional Mindfulness）解释领导力提供了基本支持。接下来，基于正念研究的以往文献分析与领导行为的具体特征，将特质正念与具体领导行为和领导—下属关系相结合，讨论正念对领导力及工作投入的作用机制，从而构建正念对领导力及工作投入的影响模型。

3.3 正念对领导力及工作投入影响的模型构建

本节在上一节讨论的基础上，进一步讨论特质正念对领导力发挥作用的具体形式。本节理论分析的基本方式是通过考察领导力的具体表现形式（领导行为、领导—下属关系）来认识特质正念对领导力及工作投入的作用机制，即考察和回答领导与下属正念对具体领导行为、领导—下属关系和工作态度及行为结果产生影响的必要性与可能性。需要指出的是，正念如何影响具体领导行为取决于当前领导行为的自身特征。根据上一节的讨论结果，正念影响领导者自我觉知与自我调节，因此，本书选择与这两项功能关系密切的真实型领导与辱虐管理作为领导行为的分析基础。同时，由于正念对领导—下属二元关系构建的重要价值，本书将领导—成员交换作为关系研究的分析对象。在真实型领导、辱虐管理和领导—成员交换关系三个方面分析的基础上，加入工作投入这一态度变量来考察正念对领导力影响的实际效果，以最终构建本书的理论模型。

3.3.1 正念与真实型领导

真实性的概念起源于希腊哲学（“做真实的自己”）。Luthans 和 Avolio（2003）从积极组织行为学视角，提出了真实型领导的概念。他们认为，真实型领导是一个“领导者将自身积极心理能力与高度发展的组织情境相结合，以激发领导者和下属强烈的自我意识和积极的自我调节行为，最终促进双方积极自我开发的过程”。Avolio 和 Luthans 等（2004）对真实型领导者的定义为，表现出自信、乐观、满怀希望、富有韧性且拥有高尚的道德品性，对自身思想和行为有深刻认识，对自己和他人的价值观、道德观、知识、优势以及所处工作情境有清晰认识的领导者。自我觉知被认为是真实型领导的基础（Gardner et al.，2005），自我觉知表明正念与真实型领导的一种连接。对于真实型领导最为广泛接受的定义来自 Walumbwa 等（2008），他们认为，“真实型领导是一种领导行为模式，这些行为能够创造并利用自身积极的心理能力与积极的道德氛围来促进领导者的自我意识、内化的道德观、信息平衡加工处理和透明关系的产生，从而促进自身和下属的自我发展”。自我意识是指一个人对于自己的长处、不足以及多面性自我本质的理解（Kernis，2003）。平衡信息加工是指领导者会在做决策之前向他人征求意见，客观分析所有相关的可能情况（Gardner et al.，2005）。关系透明是指领导者向下属展示真实的自我，通过公开分享信息、表达自己真实想法及感情、减少不恰当情绪来促进彼此之间的信任。内化道德视角是指一种内在的、综合的自我调节形式（Ryan & Deci，2003），这种调节会受到与群体、组织和社会压力相对的内部道德标准和价值观的引导，并带来与这些内化的价值观相一致的决策和行为（Avolio & Gardner，2004；Gardner et al.，2005）。在这一定义的基础上，本书结合内隐领导理论，认为真实型领导的实际效用主要取决于下属是否感知到相关的行为，因此采用感知的真实型领导（Perceived Authentic Leadership）作为后续真实型领导测量与分析的基础。

真实型领导将为个体和组织带来诸多好处。研究表明，对待自己更真实的人经历更高的自尊，拥有更积极的情感和更多对未来的希望（Harter，2002）。真实型也一直与心理幸福感以及高度的生活满意度相联系（Kernis & Goldman，2005）。元分析发现，真实型领导对员工创造力、组织公民行为、建言行为、工作投入和工作绩效有显著影响（Hoch et al.，2016）。基于真实型领导对组织积极行为与结果的重要价值，其前因变量的研究逐渐获得研究者关注。真实型领导的前因变量主要包括两方面因素：领导者个人因素和外界情境因素。本书主要回顾与研究主题相关的个体层面因素，考察关于领导者自身特征对真实型领导风格形成的影响。例如，Peus 等（2012）的研究发现，领导者自我认知和自我一致性能够正向影响真实型领导。Luthans 和 Avolio（2003）的研究发现，自我觉知和自我调节有助于领导与下属之间建立一种真实的关系。正念通过促进开放性，降低自我防御行为和主动适应不良行为，因而也促进更真实的功能和更健康的关系（Kernis & Goldman，2006；Levesque & Brown，2007）。自我觉知有助于领导和下属获得一种对自我更深入的洞察，包括自身的优势、劣势和价值观；而自我调节有助于将这种洞察转化为行动（Avolio & Gardner，2004）。因为正念高的个体具有更好的自我觉知和自我调节能力，其所带来的优势直接影响了个体真实性的表现，因而不可避免地对真实型领导产生影响（Goleman，2013）。本书推断正念对真实型领导的价值就在于正念对自我觉知与自我调节的影响。

第一，自我觉知。正念提供了一个进入自我的窗口，这有助于丰富自我意识（Shapiro et al.，2006）。正念提供了简单地见证思想、情绪和身体感觉的空间。通过开放而不判断地观察自己内心正在经历什么，领导者有机会简单地与自己相处，从而更清楚地看到自己。随着不断重复的思想、情感和感觉的出现，正念的领导者对他们如何运转和经历生活有了进一步的了解。Shapiro 等（2006）断言，正念能孕育更多投入当下的能力，一个人可能更容易接受他们通常不考虑的信息。正念鼓励一种对“对事实更实际的立场”（Brown et al.，2007）借此来培育无偏见的信息加工过程，这是真实型领导的核心品质。正念对于自我的正面和负面信息保持开放，因而对自我有更深的理解。

第二，自我调节。正念提供了一种觉知，鼓励对某个情况作出更灵活的回应和更少的自动化反应（Bishop et al.，2004）。而心不在焉是自动化和受控的程序，妨碍一个人考虑与自我需求和价值观相一致的选择（Ryan et al.，1997）。正如 Brown 和 Ryan（2004）所说，正念提供了“一个选择形式、方向和其他行动细节的机会之窗，也就是说，以自主的方式行动”。正念鼓励一个人更客观地去做所需要做的事情（Kernis & Goldman，2006；Niemiec et al.，2006）。Ryan 和 Brown（2003）认为，“一个人以一种整合正念的方式行事，不是寻求自尊，而是寻求兼顾所有事都被考虑的正确行动”。从一个真实型领导的角度来看，正念是他们有机会产生更有意的、主动的和有目的行动，以符合自己更真实的自我。因此，正念为领导者使用真实方式领导创造了条件。

3.3.2 正念与辱虐管理

辱虐管理（Abusive Supervision）最早由 Tepper（2000）提出，是指下属感知到的领导持续表现出的敌意行为，如嘲笑、挖苦、讥讽、辱骂等，但不包含身体接触。辱虐管理的具体表现还可能包括：公开批评、大声发脾气、粗鲁无礼、漠不关心、不理不睬、强迫、轻视和贬低下属等。Tepper（2000）强调，辱虐管理包含以下几方面的内涵：首先，辱虐管理是一种下属主观性的判断，面对同一主管的辱虐行为，有的下属认为是辱虐管理，有的则认为不是。因此，辱虐管理具有一定的情境特征。其次，辱虐管理的表现是持续的而不是一次性的或偶然表现出的负面领导行为。再次，辱虐管理只包含敌意的言语和非言语行为，不包括身体上的接触。最后，辱虐管理指的是行为本身，而不是行为意向，仅仅表现出行为意向或动机，不能称为辱虐管理。根据 Tepper 的定义，本书使用感知的辱虐管理作为下属对领导行为的评价和分析对象。

由于以往的诸多研究发现了辱虐管理对员工工作和家庭生活产生负面影响（Hoobler & Hu，2013；Tepper，2000），在近几年，关于辱虐管理的前因研究逐渐受到重视。其中，研究者对于探究人格特质对辱虐管理的影响一直较为重视。回顾以往人格特质作为辱虐管理前因研究的现有成果，有助于识别特质正念作为辱虐管理前因的研究可能提供的新价值。李爱梅等（2013）建议考虑下属与领导特质因素对感知的辱虐管理的影响。首先，人格有助于解释为什么某些领导更可能进行辱虐管理。例如，Breevaart 和 De Vries（2017）的研究验证了领导宜人性以及诚实和谦卑与下属感知的辱虐管理负相关。Tepper 等（2011）的研究发现，主管感知的深层次不相似性可能诱发对下属的辱虐管理。人格还能为某些员工更可能经历辱虐管理提供可能的解释。Tepper 等（2006）认为，下属的个性特质是诱发主管辱虐管理的重要因素之一。有研究发现，员工破坏性人格可以作为被辱虐的前因变量（Wu & Hu，2009）。其次，人格也有助于解释不同下属对辱虐管理的感知水平差异。研究表明，正向人格特征较明显的个体受辱虐管理的负面影响较小。大五人格特质中的责任心、随和性与情绪稳定性特质通过影响个体在工作中的情绪，进而影响个体对辱虐管理的感知（Henle & Gross，2014）。Wang 等（2015）的研究表明，具备高神经质和低勤奋度的员工，会感知到更高水平的辱虐管理，也遭受着更严重的辱虐管理。最后，人格特质还会影响个体的应对策略。责任心强和经验开放性高的个体更能接受和主动应对环境的变化，面对辱虐管理倾向于选择积极应对策略（Nandkeolyar et al.，2014；Wu & Hu，2013）。以上研究反映了人格特质如何影响辱虐管理，但目前尚没有关于个体认知能力、注意力特质如何影响辱虐管理的理论模型与实证检验。以往研究认为，遭受辱虐的下属需要耗费大量的认知资源（如注意力和意志力等）来解读和理解辱虐管理，这会使个体在一定程度上丧失理性，引发调节障碍（Thau & Mitchell，2010）。由于正念影响个体的自我调节功能，特质正念将为理解辱虐管理前因提供新的视野，因此，本书认为正念将从以下三方面提供贡献与价值。

第一，正念为辱虐管理的发生机制提供新解释。个人认知资源的过度消耗可能会诱发辱虐管理。例如，Barnes 等（2015）通过经验数据取样法（ESM）连续十天的调研发现，领导者睡眠质量的降低会增加其实施辱虐管理的可能性，而正念对个体生理功能的影响有助于个体认知资源的保存。从下属视角看，下属表现出的某些特征，如明显的焦虑、抑郁、沮丧、不满（高消极情感），更可能遭受辱虐管理，而正念对于情绪调节的功能有助于为辱虐管理的诱发因素提供解释。此外，在工作中经历关系冲突的主管更可能对下属施行辱虐管理（Harris et al.，2011；Tepper et al.，2011）。所以，正念对人际关系的效果有效减少关系冲突引

发的辱虐管理。

第二，正念为解释员工面临辱虐管理的不同应对方式提供新可能。相关实证研究也表明，相对于消极情绪（攻击性、敌意等）来讲，积极情绪对缓解辱虐管理的负面影响更为有效（Tepper，2007；Lian et al.，2012）。正念赋予个体更好的自我调节能力，因而使个体更好地应对、减少辱虐管理的伤害。

第三，正念有助于防范偏执行为，预防辱虐管理复发。偏执是指个体在感知到他人对其实施威胁、迫害、诋毁等行为时，会产生对他人高度的不信任以及极度的焦虑和恐惧的心理状态（Chan & McAllister，2014）。在一定情境下，个体对负面事件的感知表现为过度的警觉、反刍等，可能会诱发偏执状态，进而可能进一步激发员工的安全寻求行为（如回避、反击等）与怀疑行为（Chan & Mcallister，2016），并再一次激发辱虐管理，形成恶性循环。正念为个体提供更高的觉察能力，可以有效防止个体的偏执状态，减少自我反刍行为，因而可能防止辱虐管理复发。以上讨论为特质正念对辱虐管理的前因提供更为深入而有效的解释。

3.3.3 正念与领导—成员交换关系

Uhl－Bien（2006）认为，“领导力是一种关系，不能仅通过个体的属性而获得”。类似的，Bennis（2007）认为，“在其基本层面上，领导力是建立在关系基础上的”。领导—成员交换（Leader－Member Exchange，LMX）理论在领导促进员工主要成果中强调双元关系本质（Dulebohn et al.，2012；Brower et al.，2000），因而有助于更充分地理解领导力。该理论认为，当领导与下属因为相互影响而增进和发展有效的关系时，领导力发生（Uhl－Bien，2006）。LMX 早期研究主要关注领导者与下属之间处于一对一的二元子关系中的相互影响，即基于领导者和下属的不同特征形成了质量高低不同的领导—成员交换关系，并进而对个体、群体或组织产生相应的影响（Graen & Uhl－Bien，1995）。LMX 的研究认为（元分析已经验证），低质量关系意味着更少的互相信任、尊敬和互惠性交换。研究表明，领导者与下属通过构建起成熟的相互关系，从中获得相应益处（Graen & Uhl－Bien，1991），从而实现有效的领导过程，这是 LMX 理论的核心命题。

LMX 的前因研究在领导力建构中尤为重要。关于 LMX 的前因研究，以往的研究者讨论了领导和下属的特征对 LMX 关系的影响（Graen & Uhl - Bien, 1995）。例如，Schyns 等（2012）的研究发现，领导者外向性、责任心和宜人性调节了控制跨度和 LMX 的负相关关系，其中宜人性为反向调节；Zacher 等（2014）的研究发现，领导者个人智慧（Baltes & Staudinger, 2000；Jeste et al., 2010）通过变革型领导的个性化关怀维度积极预测了 LMX 关系的质量；同时，相关研究也表明，在 LMX 关系中，下属并不是完全处在被动位置，而是在一定条件下也可以影响领导者的决策和行为（Oc & Bashshur, 2013）。LMX 在后续研究中逐渐开始重视下属在领导过程中的作用。该理论强调，领导力不仅是领导者行为或领导者与下属之间的一种互动，也是下属的感知问题，而下属对领导力感知的程度受到下属性格和需要特质的影响（Felfe & Schyns, 2006）。正如 Graen（2003）指出，领导者可能对下属提供一个很好的关系质量，但下属是否可以感知到取决于下属自身的特征。因此，了解与分析下属的特定品质有助于理解 LMX 关系质量。另外，相关研究也考察了领导与下属特质差异对 LMX 关系的影响。Zhang、Wang 和 Shi（2015）使用多项式回归方法分析检验了领导与下属的主动型人格匹配对 LMX 关系质量的影响。该研究发现，领导与下属主动性人格越是一致，越可能感知高质量的 LMX 关系；反之，当两者不一致时，均有较低质量的 LMX 关系以及较差的工作成果。Dulebohn 等（2012）通过元分析也发现，下属与领导的人格特质（如大五人格）及双方感知的相似性均为 LMX 关系的前因变量。因此，无论是从领导者视角，还是从下属视角，以及领导与下属相似性特质的研究，都发现了对 LMX 关系的显著影响，这就为本书研究特质正念对 LMX 关系提供了可能。由于正念为领导者和下属提供了较高的注意当下的品质，以及以往研究发现这一特定品质对人际关系的显著影响（Long & Christian, 2015），因而正念可能是影响 LMX 关系非常重要的因素。进一步，由于以往研究发现感知的领导风格可能作为 LMX 关系的前因变量（Dulebohn et al., 2012），故本书的研究进一步推测，特质正念还可能通过感知的领导风格影响 LMX 关系。

3.3.4 正念与工作投入

内隐领导理论认为，下属的人格特质不仅影响对领导力的感知，而且影响其对具体领导风格的接受，继而会影响工作态度与工作结果（Keller, 2003）。基于上一

部分内容的分析，本书进一步推测领导与下属正念将通过对领导风格和 LMX 的感知而影响下属工作投入。研究认为，领导风格可能作为工作投入的一个前因变量（Blomme et al.，2015）。例如，研究验证了真实型领导对工作投入的积极作用（Hsieh & Wang，2015；Jiang & Men，2017）；一些文献也发现了辱虐管理对工作投入的影响（Haggard et al.，2011）；两个关于 LMX 关系的元分析研究支持了 LMX 关系与下属工作态度相关（Gerstner & Day，1997；Ilies et al.，2007）。Bolino 和 Turnley（2009）开发了一个理论模型，下属对低质量的 LMX 关系的感知，更可能引发受委屈和愤愤不平因而产生负面工作态度。本书认为，领导与下属正念可能通过感知的领导风格和领导—成员交换关系进一步影响工作投入。

3.4 正念对领导力及工作投入的影响机制模型

基于以上讨论，本书提出正念对领导力及工作投入的影响机制模型。在这一模型中，领导正念和下属正念通过感知的真实型领导、感知的辱虐管理和 LMX 关系交互影响工作投入，具体如图 3－2 所示。

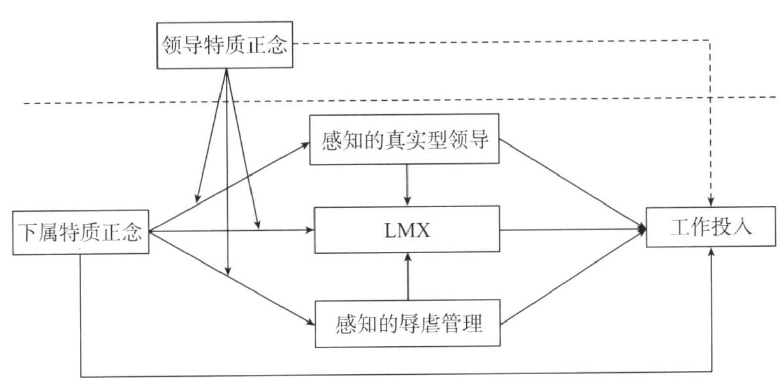

图 3－2　正念对领导力及工作投入的影响机制模型

本章小结

本章主要目的是针对正念对领导力及工作投入的影响机制进行初步的理论建构。本章提出的研究模型将为本书后续的实证研究提供理论基础。通过回顾正念研究的相关理论成果，在前人研究的基础上总结出正念在工作场所发挥作用的三个途径：深化个体觉知、增强自我调节和促进人际关系。同时，考察了领导力的研究视角。本章指出，领导与下属交互视角能够更好地解释正念对领导力及工作投入的作用机制，而当前正念对领导力的研究忽略了下属视角的分析，也没有准确把握领导力作为关系的本质属性，因而对这一问题没有更好地进行解释。本书通过领导与下属正念交互视角，从特质、行为、关系与态度四个方面构建了正念对领导力及工作投入的研究模型。这一模型对研究者从理论上认识正念对领导力的影响提供了参考，同时有助于理解正念对工作投入的中介机制。下一章，本书将综合正念及领导力的相关研究成果，进一步发展有关正念对工作投入、感知的真实型领导、感知的辱虐管理和 LMX 关系作用机制的系列研究假设，并在后续通过实证研究方法对这些假设进行检验。

4 研究假设

在上一章中，本书聚焦正念对领导力及工作投入影响的相关理论分析，对其进行了讨论和整合。基于领导与下属交互视角，本书构建了正念对领导力及工作投入影响的理论模型，该模型解释了正念对感知的真实型领导、感知的辱虐管理和 LMX 关系及工作投入的影响机制。在上一章理论分析的基础上，本章结合相关研究成果和文献提出了一系列研究假设，进一步深化和拓展理论模型，并在下一章对这些假设进行实证检验。具体而言，本章基于对以下三个方面问题的回答提出相应的研究假设：问题一，领导正念与下属正念是否影响 LMX 关系进而影响工作投入？问题二，领导与下属正念是否影响感知的真实型领导进而影响 LMX 关系和工作投入？问题三，领导与下属正念是否影响感知的辱虐管理进而影响 LMX 关系和工作投入？

4.1 下属正念与工作投入

既有研究已经发现，正念对工作投入有积极作用。例如，Leroy 等（2013）应用自我决定理论，提出了正念通过两种途径影响工作投入：因为使人们更专心和专注而直接影响工作投入；间接通过提高人们的内在觉知，从而产生更高层次的真实性功能（Brown & Ryan，2003）。结合以往的研究分析，本书认为正念可能通过以下四个方面影响工作投入：

第一，通过稳定的注意力。将注意力持续而稳定地集中在当下是正念的核心特征。个体正念通过稳定的注意力减少思维漫游和注意力的习惯性分散，因为提高了注意效率，更可能使个体保持一种专注状态（Wadlinger & Isaacowitz，

2011）。同时，个体因为接受性注意增强了经验的清晰性和生动性，从而使个体沉浸在快乐之中，变得更加积极主动地参与活动（Brown & Ryan，2003）。

第二，通过自我觉知。Brown 和 Ryan（2003）基于自我决定理论分析得出，正念通过增强情感、思想和行为的自我觉知，支持按照自己的核心或真实自我意识行动，从而培养更多的自主动机，影响了工作投入（Kernis & Goldman，2006；Meyer & Gagné，2008）。

第三，通过自我调节。个体正念通过提供自我调节功能，吸引人们对当前经历的注意和觉知，使其更多地保持专注状态（HÖlzel et al.，2011）。根据上一章所述，自我调节功能会减少个体对挑战性工作事件的负面评价，引发更多积极情绪，或较少地受到不良事件的影响，因此个体可以保存更多精力投入工作。

第四，根据 S - ART 模型（Vago & Silbersweig，2012）。正念对个体自我超越和亲社会行为的增加也会引发个体在工作中的奉献精神，因而增加工作投入。此外，根据前文综述，正念的个体可能经历更高的主观幸福感和工作满意度从而增加对工作投入的意愿（Glomb et al.，2011）。

综合以上分析，本书提出如下假设：

H1：下属正念正向影响工作投入，即下属正念越高，工作投入越强。

4.2 LMX 关系的中介作用

研究表明，下属正念有助于下属与领导者建立更好的关系质量（Beach et al.，2013）。如上一章所述，正念与更好的人际关系能力相关（Barnes et al.，2007；Wachs & Cordova，2007）。参考上一章的分析，本书认为，正念对人际关系的影响路径同样适用于下属正念对 LMX 关系的分析。首先，正念高的下属展示出较高水平的自我觉知（Gunaratana，2011）。因为对自我和周围环境具有更好的觉察能力，正念高的下属更能发现和识别领导的要求；全然投入当下的注意也使领导有更充分的存在感和被尊重感知，从而建立高质量的互动关系。其次，特质正念赋予下属更好的自我调节能力，下属因此具有更好的情绪管理和感知能力（Glomb et al.，

2011），这就使下属在与领导的交往过程中，能够更好地把握关系压力，客观而理性地看待工作中的问题，减少或避免与领导的冲突，提升与领导的关系质量。最后，正念会使下属更具有同理心和同情心（Dekeyser et al.，2008）。研究认为，拥有更高同理心的下属表现出更高的人际互动公平感知（O'Leary－Kelly et al.，2009）。

LMX 理论认为，领导与下属的关系质量预测了工作成果（Graen & Cashman，1975）。一般来说，LMX 关系质量将决定下属的工作体验，并且与组织的理想结果正相关（Ilies et al.，2007）。LMX 关系质量更高的下属工作更努力，对领导者也更为满意，有更高的工作满意度（Buch et al.，2015；Graen & Uhl－Bien，1995）。正念有助于下属与领导建立较高质量的交换关系，基于领导者与下属双方社会性交换的互相影响，下属更可能在与领导互动过程中扮演积极的合作者，从而可能影响领导者作出有利于彼此目标实现的决策（Uhl－Bien et al.，2000），下属因此更可能投入工作。同时，与领导构建了高质量的 LMX 关系将有助于下属在组织发展中承担更大的工作责任、拥有更多的自主权、获得期望的工作安排和更多的支持资源等。下属会被这些优势激励，努力与领导者发展出更高质量的交换关系，从而形成良性循环（Yukl，2010）。下属也会以更高效率的投入工作作为一种互惠回报。与上司的良好关系也会使员工对心理需求的满意度更高（Deci et al.，2001）。这种心理需求的满足感，以及更好的领导支持，也将创造一种更大的工作—生活平衡的感觉。最后，员工将通过在工作中的表现回报上司（Reb et al.，2014）。因此，下属正念可能通过与领导建立较高质量的 LMX 关系而影响工作投入。

根据上述分析，本书提出如下假设：

H2：下属正念正向影响 LMX 关系，即下属正念越高，LMX 关系越好。

H3：LMX 关系在下属正念与工作投入之间起到中介作用。

4.3 感知的真实型领导的中介作用

内隐领导理论认为，领导模式是追随者对理想领导者相关特质和行为的感知

（Kenney et al. ，1996）。每个人头脑中对于领导者都有一个图式或认知结构，这是内隐领导原型，作为评价领导者的内在参照标准。本书认为，由于正念赋予下属较高的自我觉知（Brown & Ryan，2003），更可能表现出真实行为，因而可能将真实型领导作为内隐领导原型或参照标准，也将其作为判断领导者好坏的标准。具体而言：首先，正念高的下属对自我和周围环境有更高的觉知（Dane，2011），因而对领导者的态度与行为会有更高的觉察。同时，由于正念使个体有更高的觉知能力，正念高的下属在与领导互动中更好地了解到领导的要求和特点，并能够提供有价值和针对性的反馈，也可能在一定程度上影响领导者的自我觉知（Dekeyser et al. ，2008）。其次，正念高的下属对领导者言行一致有更清晰和紧密的观察，因而下属更可能加强对领导者内化道德视角的感知。同时，正念使下属按照自我价值观和自我意识行动，下属更可能以此作为有效领导者的原型而对领导者的内化道德形成感知。再次，正念高的下属具有更稳定的注意力、更平和的情感和不评价的态度，因此，他们更愿意认可和接纳领导者表现出的真实思想和情感（Beckman et al. ，2012）。同时，正念高的下属更可能向领导者真诚而坦率地表达想法，从而促进领导者与下属之间关系透明（Leroy et al. ，2013）。最后，正念高的下属很少担心向领导者建言的结果（Good et al. ，2016），因而更愿意参与领导决策并提出新想法，这可能会加强领导者平衡信息加工行为，以及加强个体对真实型领导这一维度的感知。

下属正念可能正向影响感知的真实型领导，且感知的领导风格可以作为LMX关系的前因变量（Dulebohn et al. ，2012）。Schyns等（2008）认为，感知到的关系质量与下属的期待和偏好相关。他们研究发现，下属对领导力相关特征（followers' leadership - related characteristics），如领导力的需要和依赖的感知与感知的LMX关系正相关。在以往真实型领导的研究中，Avolio等（2004）提出，真实型领导通过增加希望、信任、积极情感和乐观而对下属产生积极影响，这将有助于上下级和谐的人际关系。一些实证研究结果则直接表明，真实领导将增加信任，带来更好的LMX关系（Hirst et al. ，2016；Wang & Hsieh，2013）。因而，正念高的下属通过感知的真实型领导，可能产生更多的希望、信任，从而增强与领导的LMX关系。因此，下属正念通过感知的真实型领导影响了LMX关系质量。内隐领导理论认为，下属感知的与领导原型相关的领导态度和行为也将影响其态度和行为（Keller，2003）。此外，已有实证研究验证了真实型领导对下属工作投入的积极影响（Hsieh & Wang，2015；Jiang & Men，2017），进而推断，下属正念可能会通过感知的真实型领导增加下属的工作投入。

根据上述分析，本书提出下列假设：

H4：下属正念正向影响感知的真实型领导，即下属正念越高，感知的真实型领导越强。

H5：感知的真实型领导在下属正念与LMX关系之间起到中介作用。

H6：感知的真实型领导在下属正念与工作投入之间起到中介作用。

4.4 感知的辱虐管理的中介作用

根据上一章论述，辱虐管理作为工作场所的负面事件对员工和组织带来诸多负面影响。内隐领导理论认为，下属有对领导者识别的认知框架，作为领导者是好的或者坏的判断标准。下属通过信息加工过程识别具体的领导行为（Shaw，1990），通过感知领导者的表现识别正面或负面的领导力特征（Epitropaki & Martin，2004）。由于下属正念促进了开放和认真的思考并引发更多精良的信息加工路径（Brown et al.，2007；Langer，1989），从而导致下属对领导行为感知有更深入的体验（Ruedy & Schweitzer，2010），因此，下属正念可能影响下属对辱虐管理的感知。具体而言：首先，正念鼓励下属对领导目前的处境和敌对情绪有充分的觉知和关注。高正念的下属，从某种程度上，可能选择回避或躲避来自领导的伤害。其次，高正念的下属因为有更多的积极情绪、更强大的对敌对情绪的接纳能力，所以对来自工作场所事件采取一种“去中心化”（Bishop et al.，2004）的视角，以更适应的方式应对。最后，正念的个体拥有更多的同理心（Dekeyser et al.，2008），能够容忍和理解他人消极的内部状态，以及由此产生在自己身上的消极的内部状态。正念帮助下属更清晰地看见自己，在压力情况下更快速地恢复，因而能够降低个体经历长期压力的可能性，减少个体经历慢性应激反应的概率（Carmody et al.，2009；Desbordes et al.，2015）。此外，他们更少出现反刍行为（Glomb et al.，2011；Teper et al.，2013）。反刍思维模式的个体由于匮乏的注意力、沮丧的心情将面临更大的风险（Ingram & Smith，1984）。当个体面对通常会引发消极思维模式的辱虐事件时，正念定向使他们不太可能出现反刍行为，更快地从消极的工作事件中恢复。更少的自我反刍使个体与自己的本性接触，由此也学会了看到和接纳他人（如领导者）的本性——独特的才能、不完美和局限性，这允许更多的同情、仁慈和宽容，并允许个体与他人建立真正的联系。因此，正念增加个体对自己和他人的负面情绪的容忍能力（Tipsord，2009）。

本书认为，下属正念可能通过以下途径影响辱虐管理感知。首先，自我觉知。特质正念高的下属通过高度的自我觉知能够对工作环境中来自领导者的要求有更清晰的理解和把握，这就容易获得领导者更多的接纳与好评，而更少的可能对其进行贬低或做出负面评价。研究表明，糟糕的工作绩效是辱虐管理的前因变量（张静等，2017），下属正念赋予下属较高的觉察能力，使其更可能看到自己在工作中的不足从而寻求改进机会，因而可能产生更好的工作绩效，而避免领导对其工作进行苛责与负面评价。此外，下属正念使下属能够将注意力投入当下，保持情绪平稳及不评价的态度也使领导在与下属沟通中就事论事，而避免不必要的评价与谩骂。其次，自我调节。正念涉及一种持续的、清晰的“内在”和“外在”现象，它可能导致去敏感性、降低情绪反应、更快的恢复、对不愉快状态更大的容忍和接纳，即更有效的情感调节（Borkovec，2002）。实证研究表明，正念与较低层次的情绪扰动有关，在受到威胁的时候，产生更少的防御性反应。正念也与情感状态的接纳有关，能够增加负面状态的修复能力（Brown et al.，2007）。因而，由于拥有健康的情绪调节，正念高的下属可能产生更少的挫折体验，减少对辱虐管理的感知。最后，去除偏见。Emanuel 等（2010）发现，特质正念与减少的反应偏见相关。一些证据表明，特质正念与较少的认知错误（Herndon，2008）、更少的敌意归因（Heppner et al.，2008）有关，因而可以减少偏见。正念练习被发现影响注意力和认知过程，如增加注意力的灵活性和控制力（Ortner et al.，2007）、增加让自动化的负面思想释放的能力和减少自动化反应（Frewen et al.，2008）。所以，正念的下属更可能以一种建设性的、没有威胁的方式看待批评，更少地对领导行为产生误解或避免对其“过度解读”，如认为是一种贬低或嘲讽。

下属正念通过感知的辱虐管理可能会影响其对 LMX 关系的评价。这是因为，以往的研究发现，感知的辱虐管理会影响领导与下属的互动交往与信任，并降低LMX关系质量（Peng et al.，2014；Xu et al.，2012），进而影响领导和下属之间的“关系”（Liu & Wang，2013）。下属正念使下属更少地感知到辱虐管理，减少误解与成见，也可能产生更少的冲突，因而影响LMX关系质量。同时，以往的研究表明，辱虐管理对员工或组织产生巨大的负面影响（Tepper，2000；Tepper et al.，2006），它可能不利于维护相互尊重的上司—下属关系，降低下属在工作中的表现（Aryee et al.，2007），并导致下级直接报复上级（Lian et al.，2014）。正念高的下属通过高度觉察减少了领导对其辱虐的可能，由于高效的自我调节增加了自信、增强了积极情绪，相应减少了对辱虐管理的感知体验，从而可能更充分有效地利用社会支持机制，如争取到更大的领导支持而不是辱虐批评，最终以更多的精力投入工作。实证研究也发现，辱虐管理与下属工作投入负相关（Hobman et al.，2009；Kernan et al.，2011）。因而，正念高的下属通过感知更少的辱虐管理更可能增加工作投入。

综合上述分析，本书提出下列假设：

H7：下属正念负向影响感知的辱虐管理，即下属正念越高，感知的辱虐管理越少。

H8：感知的辱虐管理在下属正念与LMX关系中起到中介作用。

H9：感知的辱虐管理在下属正念与工作投入中起到中介作用。

4.5 领导正念对LMX关系中介作用的调节

内隐领导理论认为，个体特质与领导者特质的匹配程度将决定某人是否会被视为领导者（卢会志等，2008），“理想的领导者被解释为与自己相似”（Keller，1999）。LMX理论认为，个体更喜欢并倾向于选择那些与自己性格、价值观和态度相似的人作为伙伴（Caspi & Herbener，1990）。个体之间的相似性特征促进了彼此喜欢和吸引。Byrne（1961）描述这种相似和吸引之间的关系是一种相似吸引模式，通过共同的属性唤起吸引力，因为每个人都得到了强化。因而，共享的相似属性和背景可能产生共同的满意度。此外，因为经常共享的态度、活动和价值观，相似的个体之间可能增进彼此的理解，因而减少工作期望和要求出现差异的可能，建立彼此之间的互信（Pelled & Xin，2000）。当领导者和下属不相似时，可能出现交流不顺畅，增加角色模糊性和社交距离（Green et al.，1996；Tsui & O’Reilly，1989）。大量的研究已经表明，相似性吸引促进了理想的人际关系、更有效的沟通、令人愉快的氛围和更好的绩效结果（Tziner，2002）。因此，领导正念水平与下属正念水平越相似，越可能产生相互吸引，越容易相互理解，从而建立高质量的 LMX 关系。除此之外，特质正念赋予了领导者独有的特征，有助于强化下属正念对 LMX 的正向影响，反之弱化这一关系。具体而言，高正念的领导者将注意力投放于当下，更可能充分地与下属在“此时此地”，并保持着敏锐的觉察度，从而可以更有效地了解下属需求，为员工提供良好的关系支持（Colbert et al.，2016）。相较于低正念的下属而言，高正念的下属因具备善于保持注意和觉察的特点，会在更大程度上捕捉到高正念领导者所给予的关注和支持，因此，更可能注意到领导者对自己的重视和尊重。在此情况下，下属正念与 LMX 间的正向关系会被进一步加强。此外，高正念的领导者一般具有更高水平的同理心和同情心，会做出较多的有助于构建人际关系的行为。更重要的是，高正念的领导者有能力处理好工作中的负面事件，并避免产生报复。这些特点和行为更可能被高正念的下属所捕捉到，进而有助于这些下属形成对领导者更高水平的信赖和尊重，加强了下属正念与 LMX 的正向关系。然而，对于低正念的下属而言，由于缺乏必要的觉察和注意的能力，会很难发掘出高正念领导者的这些积极特点和表现，从而使领导正念无法发挥应有的效果。特别指出的是，个体之间的相似性特征在很大程度上促进了人际之间彼此的喜欢和吸引程度，因而，面对高正念的领导者，下属也具有高正念时，双方则共享了一些相似的属性，彼此之间也更可能产生较高的满意度，建立彼此间的信任和理解。由此可见，在领导者正念水平较高的情况下，下属正念与 LMX 的正向关系会被加深。相反，当领导者特质正念水平较低时，领导者对于当下的任何工作事务和人际交互都缺乏充分的注意力，并很难全身心地投入到与下属的沟通中，从而无法给予下属应有的关注和支持。同时，他们缺乏同理心和慈心，不太可能主动做出有助于人际关系建立的行为。由此，通过持续且敏锐的注意和觉察，高正念的下属可以充分发现这些不良的人际交互，降低了自己对于领导者的信任和认可。低领导正念削弱了下属正念对于 LMX 的积极影响。对于低正念的下属而言，由于自身的觉察和注意能力较为欠缺，他们很难发掘出低正念领导者的这些特点和表现，因此，领导正念对其没有重大的影响，并且由于他们本身正念水平较低，感知到的 LMX 水平始终较低。由此，提出以下假设：

H10：领导正念调节下属正念对 LMX 关系的正向影响，当领导正念高而不是低时，下属正念对 LMX 关系有更强的正向影响。

通过上述分析，当领导正念高时，下属正念对 LMX 的正向影响更大，结合假设 3（H3），本研究认为这一调节效果将更进一步作用于工作投入。Reb 的研究支持了这一想法。”后面接“Reb 等认为，Reb 等认为，特质正念高的领导者将与下属构建起更高质量的交换关系，将赢得更多的下属支持，激发下属高水平的工作投入。由此，面对高正念的领导者，下属正念会更大程度地通过 LMX 进一步作用于工作投入。相反，就低正念的领导者而言，他们没有足够的觉察和注意特点，进而很难给予下属充分的关注和理解。由于高正念的员工很容易发现低正念领导者的这些表现，从而削弱了 LMX，最终降低工作投入。而低正念的员工很难对此引起关注，因此，领导正念对其没有实质上的影响。他们本身较低的正念水平仍然使其感知到较低的 LMX，进而很可能会尝试通过降低工作投入来应对当前的关系格局。综上，当领导正念较高时，下属正念的积极效果更多地通过 LMX 的中介机制作用于工作投入。由此，提出以下假设：

H11：领导正念调节 LMX 关系在下属正念与员工投入的中介作用，即当领导正念高而不是低时，中介效应更强。

4.6 领导正念对感知的真实型领导的中介作用的调节

如前所述，下属正念可能正向影响感知的真实型领导。内隐领导理论认为，下属的归因过程以领导者分类为特征。领导的行为越是与下属的领导原型一致，下属越可能被领导行为所影响（Van Knippenberg et al.，2006；Giessner et al.，

2009)。根据这一观点，本书进一步推测，领导正念作为一个边界条件影响两者之间的关系（Keller, 2003)。具有高正念的领导者更可能表现出与下属的真实型领导原型相一致的行为，这是由正念本身赋予领导者的特征决定的。首先，高正念的领导者拥有高度的自我觉知和对外界环境的觉知（Vago & Silbersweig, 2012；Lakey et al., 2008)，内在觉知有助于个体清楚地意识到自己的“真实”自我（Brown & Ryan, 2003)，外在觉知使他们能精确地回应来自下属的信息，从而增加了下属对其真实性的感知。有证据表明，其他人倾向于认为正念高的领导更为真实（Kawakami et al., 2000)。不加评价的观察与觉知能力有助于领导者加强自我觉察，而随着自我意识和自我接纳的增加，个体将更开放地以一种与自己真实的自我相一致的方式来表达自我。在此基础上，领导者更倾向于以较少偏见的方式处理其基本价值和需求，从而产生更高的真实性（Heppner & Kernis, 2007)。其次，高正念的领导者关注当下，对人对事持有一种开放和不评价的态度，对于他们未曾考虑的信息持有一种接纳的态度（Brown et al., 2007；Shapiro et al., 2006)。Lakey 等（2008）的一项研究发现，正念的个体对自我相关的信息反馈表现出较少的防御性，因此更可能制定准确的自我认识。正念的领导者拥有更温和的情感预测和下降的反应偏见（Emanuel et al., 2010)，从而加强下属对其无偏的信息加工程序即平衡信息加工的感知。再次，高正念的领导者能减少自动化的反映，拥有更高的灵活性觉知（Bishop et al., 2004)。降低的自动化反应导致个体深思熟虑地选择先前已经反射性的条件，最终在价值观和行动之间建立更大的一致性（Shapiro et al., 2006)。因此，正念与更大的自我一致性相连（Brown & Ryan, 2003)，他们在做决策时更可能遵从自己的核心价值观，从而达到言行一致。Koole 等（2009）认为，正念有助于“把自己团结起来”，促进内隐的和外显的自尊程度趋向一致，这就可能增进下属对其内化道德视角的感知。最后，高正念的领导者鼓励个体更客观地思考（Kernis & Goldman, 2006)，更可能真实地表达自我或与下属分享情感，从而使下属感知他们的真实性。相反，低正念特质的领导者不能充分地觉知当下，很难在与下属的沟通中给予精确的反馈，他们拥有自动化的反应模式，因而阻碍个体做出与价值观相一致的选择（Ryan et al., 1997)，这些特征都会妨碍下属对其真实性的感知。根据假设 4，由于下属正念可能正向预测感知的真实型领导，当领导具有高正念时，由于更可能表现出真实型领导行为，下属对以上几方面的感知会更为真切，因而领导者高正念会增强下属对真实型领导的感知效果。此外，正念的领导者和正念的下属有相似的性格（Giessner et al.，2009），使领导者表现出的行为特征更可能与下属的内隐原型相一致，因此下属更容易理解和感知领导者的真实行为。以上论述说明，领导正念在下属正念影响感知的领导真实性中扮演重要角色。

内隐领导理论可能在 LMX 理论中扮演重要角色。研究认为，内隐领导理论的原型与领导/下属相似性相关，并影响 LMX 关系质量（Subramaniam et al.，2010）和下属工作态度（Epitropaki & Martin，2005）。Lord 和 Maher（1991）表示，内隐领导理论不仅可以解释下属对领导者行为的感知，也可以作为领导者自身行为的基础。领导者被认为有意或无意地依赖下属的内隐领导原型去评价或产生他们自身的行为，领导者自身的行为特征与下属的内隐领导原型越是匹配，越可能与下属建立更好的 LMX 关系。Epitropaki 和 Martin（2005）的研究发现，领导者实际行为与下属的内隐领导原型之间差异越小，下属越可能认为与领导有更高的 LMX 关系质量。此时，下属正念通过感知的真实型领导影响 LMX 关系感知。低正念的领导难以与下属的内隐领导原型相匹配，较少地表现出真实型领导行为，也可能影响与下属的关系质量。同时，内隐领导理论认为，下属的态度和行为取决于感知的不同领导风格（Blomme et al.，2015）。高正念的领导强化下属对其真实行为的感知。高正念的领导能够更好地聚焦当下，当他们与下属互动时会更有效地觉察下属的需要从而提供必要的支持（Miksch et al.，2015）。而在工作中得到有效反馈和支持的下属更可能感知到真实型领导进而投入工作。根据假设 1 和假设 4，由于下属正念可能正向影响感知的真实型领导以及工作投入，在领导高正念的情况下，下属正念更可能通过感知的真实型领导预测工作投入（Hirst et al.，2016）；对于低正念的领导者，下属将感知更少的真实型领导，进而对工作态度产生的影响也较小。再结合假设 5 和假设 6，本书进一步认为领导正念将调节感知的真实型领导在下属正念和 LMX 关系及工作投入之间的中介作用。

综合以上分析，本书提出下列假设：

H12：领导正念调节下属正念对感知的真实型领导的正向影响，当领导正念高而不是低时，下属正念对感知的真实型领导有更强的正向影响。

H13：领导正念正向调节感知的真实型领导在下属正念与 LMX 关系的中介作

用，即当领导正念高而不是低时，中介效应更强。

H14：领导正念正向调节感知的真实型领导在下属正念与工作投入的中介作用，即当领导正念高而不是低时，中介效应更强。

4.7 领导正念对感知的辱虐管理的中介作用的调节

辱虐管理被认为是一种自我控制的失败。自我控制反映了个体驾驭愿望和冲动的能力和动机（如去伤害一个绩效糟糕的下属的欲望），目的是按照自己的长远目标行事，如与他人维持积极的关系（Hofmann & Kotabe，2012）。正念的核心功能是改善对思想、情绪和行为的自我调节能力（Allen & Kiburz，2012）。研究已经表明，特质正念和自我控制强相关（95% CI：[0.39，0.61]；Yusainy & Lawrence，2014）。Liang 等（2016）认为，特质正念高的领导者面对下属糟糕的绩效更可能控制对下属实施辱虐的冲动；特质正念低的领导有更少的自我控制能力，更可能对下属实施辱虐管理。本书认为，特质正念赋予领导本身的特征可能加强下属正念对感知的辱虐管理的负向预测效果（假设 7）。首先，高正念的领导者具有高度的自我觉知，通过对当前经验和敌意的情感关注，正念有助于监测及发现潜在行动之间的冲突（如选择辱虐一名下属）和长期的目标（如维持和下属的好关系）。结果，正念促进了更多有意识和自我控制的行为（Brown & Ryan，2003；Brown et al.，2007），抑制了习惯性的和无意识的行为。因而正念高的领导通常能够更为客观而理性地分析所面对的问题，与下属就事论事地讨论，而不是通过贬低、嘲讽等情绪的表达来解决工作中的问题。其次，高正念的领导者拥有更好的自我调节能力（Glomb et al.，2011），他们通常保持情绪平稳，可能更快地从不愉快的体验（如令人厌烦的下属与工作）中恢复，更为客观地看待下属工作中的挫折。最后，高特质正念的领导更具有同情心和同理心（Dekeyser et al.，2008），因此会从更多他人的视角思考问题，更可能采取合作的方式与下属沟通，而不是通过激烈的辱虐言辞达到目的。因此，在领导正念高时，下属正念对感知的辱虐管理有更弱的影响。相反，低正念的领导者并不总是将全部精力投入到自己的情感和愿望中，他们往往意气用事，因为缺乏觉知而心不在焉（Deci & Ryan，1980）。低正念的领导者可能在与下属互动中产生冲突，他们通常以自动化的反应来处理问题，通过愤怒、辱骂等方式表达对下属的不满，此时，下属正念对感知的辱虐管理有更强的影响。

根据上文假设6和假设7，下属正念通过减少感知的辱虐管理将促进LMX关系和增进工作投入。在领导高正念的情况下，下属正念也使下属较少地感知辱虐管理，这在一定程度上更进一步避免了对LMX关系和工作投入的影响。而且，由于下属正念使下属面对辱虐管理保持宽容态度，高领导正念也可能由于觉察能力引发内疚情绪，产生补偿心理，在人际关系互动中给予补偿（Lin et al.，2016），这或许为增进领导与下属关系提供了一个机会。在领导低正念的情况下，下属正念由于对辱虐管理相对更多的感知，因而更可能降低LMX关系感知和工作投入。

综合以上分析，本书提出下列假设：

H15：领导正念调节下属正念对感知的辱虐管理的负向影响，当领导正念低而不是高时，下属正念对感知的辱虐管理有更强的负向影响。

H16：领导正念调节感知的辱虐管理在下属正念与LMX关系的中介作用，即当领导正念低而不是高时，中介效应更强。

H17：领导正念调节感知的辱虐管理在下属正念与工作投入的中介作用，即当领导正念低而不是高时，中介效应更强。

本章小结

本章在前文构建的正念对领导力及工作投入影响模型的基础上，分别探讨了下属正念与LMX关系，以及感知的真实型领导、感知的辱虐管理在其中的中介作用；下属正念与工作投入，以及LMX关系、感知的真实型领导、感知的辱虐管理在其中的中介作用。进而讨论了领导正念在上述影响过程中的调节作用，提出了一系列研究假设。这些假设进一步深化和拓展了模型的关系脉络和逻辑关系。在后续的章节中，本书将通过实证研究对本章提出的研究假设进行初步的检验。

5 研究设计与检验

在上一章中，本书通过深入分析下属正念与领导正念如何影响感知的真实型领导、感知的辱虐管理、LMX 关系及工作投入提出了相应的假设。在此基础上，本章将通过收集领导者与下属的配对数据，实证检验上述理论假设的相互关系。为保证这一研究目标顺利实现，本章拟采用先访谈后问卷调查的方式，通过在企业中收集领导者与下属配对的数据样本，并进行相关分析、信效度分析、验证性因子分析、HLM 跨层分析、蒙特卡洛单层及跨层间接效用分析等数据分析方法检验如下几类研究假设：

H1：下属正念正向影响工作投入。

H2 ~ H3：下属正念正向影响 LMX 关系，LMX 关系在下属正念与工作投入之间起到中介作用。

H4 ~ H6：下属正念正向影响感知的真实型领导，感知的真实型领导在下属正念与 LMX 关系以及下属正念与工作投入之间起到中介作用。

H7 ~ H9：下属正念负向影响感知的辱虐管理。感知的辱虐管理在下属正念与 LMX 以及下属正念与工作投入之间起到中介作用。

H10 ~ H11：领导正念调节下属正念对 LMX 关系的正向影响，进而调节 LMX 的中介作用。

H12 ~ H14：领导正念调节下属正念对感知的真实型领导的正向影响，进而调节 H5、H6 中感知的真实型领导的两个中介作用。

H15 ~ H17：领导正念调节下属正念对感知的辱虐管理的负向影响，进而调节 H8、H9 中感知的辱虐管理的两个中介作用。

下文依次介绍研究的样本来源与数据收集程序、变量测量，并提供各项统计分析的检验结果。

5.1 样本与数据收集

5.1.1 样本来源与程序

本书样本来源于中国内地位于北京市和洛阳市的两家制造业民营企业，其中一家公司为上市公司，属于小家电行业一线品牌，另一家为成长性和创新性良好的石油化工设备有限公司。数据收集获得了两家公司高层领导及管理团队的支持。在问卷收集过程中，两家公司的人力资源部门给予了大力协助。在数据收集之前，研究者针对所调研的每家公司的 3 名领导者和 3 名员工进行了实地访谈或电话访谈，以确定调研问题在该企业的适用性。研究人员通过相应的研究问题首先明确了所调研企业存在与主题研究相关的问题，继而开始数据收集工作。数据收集采用领导与下属配对形式，在调查之前，研究者将领导与下属问卷进行了匹配编码。所有问卷收集采用纸质问卷现场填答形式，为了确保被调研者对问卷的充分理解，在正式问卷发放之前，研究者邀请两位具有企业工作经验的员工进行试答，请他们提出宝贵意见，根据他们的反馈对问卷进行适当修订。在问卷填答过程中，首先由调研工作人员讲解问卷填答注意事项，并在问卷完成之后，进行逐一检查，合格后允许填答人员离开，最大可能地保证问卷填答的质量。

为更好地进行因果关系分析，尽可能地避免同源误差（Podsakoff et al.，2003；Podsakoff et al.，2012），本书对于样本相关变量的数据采集分为两次进行，共邀请 320 名员工和 66 名领导参与调研。在时间点 1（简称 T1），研究者要求下属报告他们的特质正念，同时，领导者和下属性别、年龄，下属在公司工作时间等人口统计学信息由参与调研公司人力资源部提供。第一轮结束之后，研究者得到了 65 名领导问卷（回收率 98.48%）和 314 名员工问卷（回收率 98.12%）。大约 2 个月之后，即时间点 2（简称 T2），研究者进行了第二次问卷收集。这一次，已经完成时间点 1 问卷填答的下属被要求报告其感知的真实型领导、感知的辱虐管理和 LMX 关系以及工作投入，而他们的直接领导被要求报告特质正念。第二轮结束后，研究者得到65 名领导问卷（回收率98.48%）和284 名（回收率88.75%）下属问卷。

5.1.2 描述统计结果

两轮调研之后，研究者根据之前的编码将领导与下属进行配对，去除9 个只有一名成员的团队之后，研究者最终获得了56 名团队领导（有效问卷率84.84%）数据和275 名下属（有效问卷率85.93）的问卷，整体回收质量和回收率较高，数据可以被接受。本章后续的数据分析都是基于这275 对领导与下属配对的数据，该样本相关的人口统计学特征如表5-1 所示。

表5-1 员工与领导人口统计学信息

人口统计学特征		员工（N=275）		团队领导（N=56）	
		人数	百分比数	人数	百分比数
性别	男	153	55.6%	36	64.3%
	女	122	44.4%	20	35.7%
年龄	20~30 岁	88	32.0%	4	7.14%
	31~40 岁	116	42.2%	27	41.54%
	41~50 岁	62	22.9%	23	7.14%
	51 岁以上	9	3.3%	2	3.57%
工作时间	2 年以下	61	22.18%		
	2~5 年	81	29.45%		
	5~10 年	83	30. 18%		
	10 年以上	50	18.18%		

最终样本的描述性分析显示：在领导样本中，多数为男性，占比为64.3%；平均年龄为39.95 岁（标准差为6.70，其中41.54%的领导年龄在31~40 岁）；在下属样本中，也是男性居多，占比达55.6%，平均年龄35.59 岁（标准差为7.64，整体上以年轻员工为主，40 岁以下员工占比达74.2%）。研究者同时调查了下属在组织的平均工作时间为6.04 年（标准差为4.91），工作时间在五年以下的员工占比与五年以上的员工占比基本相当，前者略高，占比为51.63%。样本本身的结构反映出一定的代表性。本书在后续的模型检验中对这些变量进行了控制。

5.2 测量工具

本书使用的各变量测量量表，均为国际顶级刊期文章发表过的，且使用频率较高、有良好的信度与效度支持的量表。由于这些量表均为英文量表，本书根据 Brislin（1980）的建议对量表进行双盲翻译和回译。首先由研究者本人将所有外文量表按照题项逐条翻译成中文，其次邀请三位中英文语言基础较好的组织行为学研究方向的博士生将翻译后的中文独自地回译为英文。最后研究者会同这三位博士生，针对中英文版本的翻译与回译内容进行逐项逐条比较，最终选择确定最理想的中文版本翻译问卷。以下分别列出本书中使用量表的具体情况：

第一，特质正念。采用 Brown 和 Ryan's（2003）开发的 MAAS 量表测量领导和下属特质正念。该量表为单维度量表，共包含 15 个条目，旨在测量被调研者每天某些经历的频繁程度，以此表明被测者特质正念的水平。内容包括"我可能会在不知不觉情况下体验着某些情绪，直到后来才知道""我发现我很难把注意力集中在现在发生的事情上"和"我发现自己漫不经心地做着事情"等。所有测量题项均为反向计分。在问卷调研中，研究者要求领导者和下属对题项认真阅读，以判断自己在多大程度上经历或体验了描述内容。采用李克特（Likert）6 点尺度量表，1 代表"几乎从不"，6 代表"几乎总是"。该量表在以往研究应用中表现出较好的信度水平（Hülsheger，2013；Long & Christian，2015）。本次研究中，15 条领导量表的 Cronbach's α 系数为 0.88，15 条下属量表的 Cronbach's α 系数为 0.76，符合管理学研究对信度水平的要求。

第二，感知的真实型领导。使用 Neider 和 Schriesheim's（2011）开发的真实型领导问卷量表（Authentic Leadership Inventory，ALI）。该量表包含 16 个条目，共分为四个维度：自我觉知（self - awareness，α = 0.78）、关系透明（relational transparency，α = 0.83）、内化道德视角（internalized moral perspective，α = 0.84）和平衡信息加工（balanced processing，α = 0.89）。典型测量条目包括："他很清楚自己喜欢什么或不喜欢什么（自我觉知）""他/她直截了当地表达观点

（关系透明）”“他/她用内在的道德标准指引自己的行动（内化道德视角）”和“他/她征集那些挑战自己基本立场的不同观点（平衡信息加工）”等。采用李克特6点尺度量表，6代表“非常同意”，1代表“非常不同意”。该量表在本次研究16个条目的Cronbach's α系数为0.95，符合管理学研究对信度水平的要求。

第三，领导—成员交换关系。采用Graen和Uhl-Bien（1995）开发的7题LMX量表，问题如“一般来说，我很清楚他/她（领导）是否满意我的工作表现”“我觉得他/她（领导）对我工作上的问题及需要了解的很多”。采用李克特6点尺度量表，1代表“非常不同意”，6代表“非常同意”。以往的研究表明，该量表具有相当的代表性。本书该量表7个条目的Cronbach's α系数为0.88，符合管理学研究对信度水平的要求。

第四，感知的辱虐管理。采用Peng等（2014）使用的辱虐管理量表，该量表是在Tepper（2000）15条量表的基础上发展而来，共包含5个题项，内容包括“我的主管告诉我，我的想法或感觉是愚蠢的”“我的主管向别人发表对我的负面评论”等。采用李克特6点尺度量表，1代表“非常不同意”，6代表“非常同意”。该量表在以往的研究中具有很高的信度，本次研究中，5个条目的Cronbach's α系数为0.82，符合管理学研究中对信度水平的要求。

第五，工作投入。采用Schaufeli等（2006）开发的量表。该量表包含9个条目，分为三个维度：活力（vigor，α=0.81）、奉献（dedication，α=0.83）和专注（absorption，α=0.76）。该量表的测量条目表明了个体在工作中的实际感受，内容包括“我在上班的时候觉得精力充沛（活力）”“我对我的工作充满热情（奉献）”和“我对我的工作很投入（专注）”等。采用李克特6点尺度量表，1代表“非常不同意”，6代表“非常同意”。本次研究9个条目的量表Cronbach's α系数为0.92，符合管理学研究的信度水平要求。

第六，控制变量。考虑到一些人口统计学变量会对研究模型带来影响，根据以往的研究经验，本书在研究中控制了5个人口统计变量，包括领导年龄和下属年龄（以年为单位）、领导和下属性别（0为男性，1为女性），以及下属在公司工作时间（以月为单位）。本书在分析过程中加入了领导在公司时间，但这一变量对于模型的影响非常微小，最后的模型检验没有对领导在公司时间进行控制。

5.3 分析策略

首先，本书通过相关性检验初步验证了变量之间的相互关系。继而，本书检验了研究模型中的关键变量，包括下属正念、领导正念、感知的真实型领导、感知的辱虐管理、LMX关系和工作投入六个变量的区分效度。本书运用Mplus7.0进行了验证性因子分析。

其次，鉴于此次研究的数据属于嵌套数据，本书使用HLM6.08的多层线性模型分析方法进行假设检验。由于传统回归分析采用普通最小二乘法忽略了同一个单位中阶层数据的相互依赖性，因此可能会产生偏误与无效的估计标准误（Bryk & Raudenbush，1992；Hofmann，1997），并且会增加第一类误差（Type 1 error）与第二类误差（Type Ⅱ error）（Bliese & Hanges，2004）。相比于传统的回归方法，HLM的优势如下：一是HLM可以同时估计不同层次的因子对个人层次（Level1）结构变量的影响，并将预测因子保持在适当的分析层次上（Bryk & Raudenbush，1992）。二是HLM基于全部数据所提供的信息进行估计，从而提供更为准确的估计数，因此改善了个人层次效果的估计（Bryk & Raudenbush，1992；Raudenbush et al.，2004）。三是HLM在估计团队层面固定效果时，使用广义最小二乘法。该方法优于普通最小二乘法之处在于其考量到每个群体所提供的信息精确度不一，即有较可信和精确的个人层次估计数的群体，会获得更高的权重。四是HLM提供了稳健的标准误估计数，即使HLM的假设被违反，次标准误估计数仍然是一致的，因此，所作出的统计检验推论是更为可信的。五是HLM借由不平衡数据（每个群体的员工人数不同）的交互式计算技术，提供了变异共变因子的有效估计数，这是传统分析方法（如ANCOVA）所无法达到的（Bryk & Raudenbush，1992）[此部分内容具体参考陈晓萍《组织与管理研究的实证方法》（第二版），第453~454页]。基于以上考虑，结合本书研究数据的特点，本书采用HLM进行假设检验。

再次，为分离来自组间团队交互的跨层影响，避免检测到虚假的交叉级效应（Hofmann & Gavin，1998），在进行数据处理时，除性别变量外，研究者对个人层面的所有变量进行了组别平均数中心化处理，对团队层面的所有变量进行了总平均数中心化处理。

最后，本书使用 Preacher 和 Selig（2010）推荐的方法检验了中介效应（如假设 3 等）。继而，本书采用蒙特卡洛模拟的方法（Monte Carlo Simulation），该方法被推荐主要用于检验跨层的、有条件的间接效应（Bauer et al.，2006），来分析被调节的中介效应（如假设 H10 ~ H17），即检验领导在不同正念水平下（高于或低于一个标准差）感知的真实型领导、LMX 关系和感知的辱虐管理所起的中介作用大小。

5.4 相关分析与验证性因子分析

本书首先对样本进行了初步相关分析。表 5 -2 中报告了本书层级 1 和层级 2 的目标变量：下属正念、领导正念、感知的真实型领导、感知的辱虐管理、LMX 关系、工作投入及其他人口统计学信息相关系数表，包括变量的均值、标准差、信度系数和皮尔森相关系数。从表 5 -2 中可以看出，下属正念与工作投入显著正相关（$r = 0.17$，$p < 0.01$），下属正念与 LMX 关系显著正相关（$r = 0.12$，$p < 0.05$），LMX 关系与工作投入显著正相关（$r = 0.52$，$p < 0.01$）；以上的两两相关为检验本书的假设 1 至假设 3 提供了一些初步的证据。下属正念与感知的真实型领导显著正相关（$r = 0.21$，$p < 0.01$），感知的真实型领导和 LMX 关系显著正相关（$r = 0.75$，$p < 0.01$），感知的真实型领导和工作投入显著正相关（$r = 0.47$，$p < 0.01$）；以上的两两相关为检验本书的假设 4 至假设 6 提供了初步的证据。下属正念与感知的辱虐管理显著负相关（$r = -0.19$，$p < 0.01$），感知的辱虐管理和 LMX 关系显著负相关（$r = -0.34$，$p < 0.01$），感知的辱虐管理和工作投入显著负相关（$r = -0.22$，$p < 0.01$）；以上的两两相关为检验本书的假设 7 至假设 9 提供了初步证据。下属特质正念与领导特质正念正相关（$r = 0.12$，$p < 0.05$），虽然没有发现领导特质正念与工作投入、LMX 关系、感知的真实型领导、感知的辱虐管理的直接相关关系，但领导正念与下属正念的正相关为检验本

书中领导正念的交互作用的系列假设（H10 ~ H17）提供了初步支持。

表 5-2 变量均值、标准差、相关系数、信度、数据来源

变量	均值	标准差	1	2	3	4	5	6	7	8	9	10	11
1. 下属年龄	35.39	7.64	—										
2. 下属性别	0.44	0.50	0.02	—									
3. 下属公司工作时间	73.40	59.25	0.44**	0.01	—								
4. 领导年龄	39.53	6.83	0.29**	-0.07	0.38**	—							
5. 领导性别	0.36	0.48	0.02	0.22**	-0.06	0.09	—						
6. 下属正念	4.62	0.58	0.03	-0.03	0.07	0.15*	-0.03	(0.76)					
7. 领导正念	4.66	0.57	0.10	-0.06	0.14*	0.07	-0.04	0.12*	(0.85)				
8. 感知的真实型领导	4.47	0.79	-0.05	-0.07	-0.03	0.13*	-0.09	0.21**	0.02	(0.95)			
9. 领导—成员关系	4.27	0.72	-0.04	-0.09	-0.04	0.15*	-0.08	0.12*	0.08	0.75**	(0.88)		
10. 感知的辱虐管理	2.31	0.85	0.03	-0.08	0.07	-0.00	-0.00	-0.19**	-0.04	-0.46**	-0.34**	(0.82)	
11. 工作投入	4.55	0.67	0.03	-0.00	0.05	0.04	0.05	0.17**	0.09	0.47**	0.52**	-0.22**	(0.92)

注：员工人数 n = 275，领导人数 n = 56。信度系数在对角线的括号中报告。+ $p<0.10$，* $p<0.05$，** $p<0.01$，*** $p<0.001$（双尾检验）。

在本书的研究设计中，下属特质正念、LMX 关系、感知的真实型领导、感知的辱虐管理、工作投入均由下属报告，领导者报告了自己的特质正念。本书分别对上述变量之间的区分效度进行检验，以确定研究模型的适配性。由于本书样本为跨层的嵌套数据，因此应用 Mplus7.0 进行了验证性因子分析。首先要检验六因子模型。六因子模型最终检验结果如表 5-3 所示，验证结果发现各项检验指标均达到理想状态（$\chi^2/df = 1.660$；TLI = 0.966；CFI = 0.975；RMSEA = 0.049），表明模型区分度良好。为进一步检验区分效度，本书将五因子模型和四因子模型（三因子模型、二因子模型）进行了比较，替代模型的 CFA 结果显示，它们均没有达到六因子模型的最优适配结果。因此，设计模型具有良好的区分效度，领导正念、下属正念、LMX 关系、感知的真实型领导、感知的辱虐管理和

工作投入之间可以较好地予以区分。

表 5-3 验证性因子分析结果

模型	χ^2	*df*	$\Delta\chi^2$	χ^2/df	RMSEA	CFI	TLI	SRMR (within)	SRMR (between)
六因子（fm；LMX；fal；as；we；lm）	132.76	80		1.66	0.05	0.98	0.97	0.04	0.00
五因子（we and LMX；fm；fal；as；lm）	487.21	84	354.45***	5.80	0.13	0.81	0.76	0.09	0.00
五因子（we and fal；fm；LMX；as；lm）	551.95	84	419.19***	6.57	0.14	0.78	0.72	0.11	0.00
五因子（we and as；fm；fal；LMX；lm）	387.64	84	254.88***	4.62	0.12	0.86	0.82	0.15	0.00
四因子（fm，LMX and we；fal；as；lm）	683.01	87	550.25***	7.85	0.16	0.72	0.65	0.13	0.00
四因子（fm，fal and we；LMX；as；lm）	742.73	87	609.97***	8.54	0.17	0.69	0.62	0.14	0.00
四因子（fm，as and we；fal；LMX；lm）	571.91	87	439.15***	6.57	0.14	0.77	0.72	0.18	0.00
三因子（LMX，fal，as and we；fm；lm）	807.07	89	674.31***	9.07	0.17	0.66	0.59	0.13	0.00
二因子（fm，LMX，fal，as and we；lm）	986.11	90	853.35***	10.96	0.19	0.58	0.49	0.16	0.00

注：员工人数 n=275，领导人数 n=56。fm=下属正念；fal=感知到的真实型领导；as=感知的辱虐管理；LMX=领导-成员交换关系；we=工作投入；lm=领导正念；各模型 $\Delta\chi^2$ 是与四因子模型比较的结果。+p<0.10，*p<0.05，**p<0.01，***p<0.001（双尾检验）。

5.5 假设检验结果

5.5.1 正念与工作投入检验

假设1认为下属正念正向影响工作投入，即下属正念越高，工作投入越强。正如表5-4所示，下属正念正向影响工作投入，系数达到显著水平（$\beta=0.17$，$SE=0.07$，$p<0.05$；Model 6），该检验过程控制了领导与下属年龄、性别和在组织的工作时间（下文所有假设控制变量相同，后续分析略）。因此，假设1得到支持。

5.5.2 LMX关系的中介作用检验

假设2提出下属正念正向影响LMX关系，即下属正念越高，LMX关系越好。如表5-4所示，下属正念对LMX关系影响的p值不显著（$\beta=0.13$，$SE=0.08$，$p=0.13$，n. s.；Mode 2），因此，假设2未能得到支持。假设3认为LMX关系在下属正念与工作投入中起到中介作用。通过表5-4中的模型7可知，在控制了下属正念之后，LMX关系对工作投入有显著的正向影响（$\beta=0.46$，$SE=0.06$，$p<0.001$；Mode7），而同时下属正念对工作投入的影响系数变小，由$\beta=0.17$下降到$\beta=0.12$（$SE=0.06$，$p<0.001$，Model 7）。但由于假设2未能被支持，因此不能说明LMX关系在下属正念与工作投入中起到部分中介作用。为进一步验证该过程的间接效应，本书采用Preacher和Selig（2010）提出的蒙特卡洛中介效应置信区间估计法，结果表明，下属正念经由LMX作为中介对下属工作投入影响的间接效应不显著（$\beta=0.06$，95% CI =[-0.02，0.14]，区间包含0）（见表5-5），间接作用没有被支持。因此，假设3未能得到支持。

表 5-4　LMX 中介效应与调节效应的 HLM 结果

变量	LMX								工作投入					
	M1		M2		M3		M4		M5		M6		M7	
	β	*SE*	β	*SE*	β	*SE*	β	*SE*	β	*SE*	β	*SE*	β	*SE*
截距	4.33***	0.07	4.33***	0.07	4.33***	0.07	4.34***	0.07	4.52***	0.06	4.52***	0.06	4.51***	0.06
控制变量														
领导年龄	0.02*	0.01	0.02*	0.01	0.02*	0.01	0.02*	0.01	0.01	0.01	0.01	0.01	0.01	0.01
领导性别	-0.11	0.11	-0.11	0.11	-0.12	0.10	-0.12	0.11	0.08	0.10	0.08	0.10	0.07	0.10
下属年龄	-0.00	0.01	-0.00	0.01	-0.00	0.01	-0.00	0.01	-0.00	0.00	-0.00	0.01	0.00	0.00
下属性别	-0.04	0.09	-0.05	0.09	-0.05	0.08	-0.06	0.08	0.01	0.08	0.00	0.08	0.01	0.07
下属公司工作时间	-0.00**	0.00	-0.00**	0.00	-0.00**	0.00	-0.00**	0.00	-0.00	0.00	-0.00	0.00	0.00	0.00
预测变量														
下属正念			0.13	0.08	0.13	0.08	0.16+	0.07			0.17*	0.07	0.12*	0.06
LMX													0.46***	0.06
领导正念					0.08	0.07	0.06	0.07						
下属正念与领导正念的交互效果							0.18**	0.06						
σ2	0.46		0.44		0.44		0.44		0.43		0.42		0.32	
τ00	0.04*		0.05*		0.05*		0.05*		0.03*		0.03*		0.05**	
τ11			0.045		0.05		0.04				0.00		0.00	
R^2 level 1(%)	4.17		8.33						0.00		2.32		25.58	
R^2 level 2 截距(%)					-25.00									
R^2 level 2 交互作用(%)							20.00							

注：员工人数 n = 275，领导人数 n = 56。预测变量所对应的数值为在稳健的标准误差下的固定效果的估计数；R^2 level1 = (σ2 of null model − σ2 of predicting model)/σ2 of null model；R^2 level 2 截距式 = (τ00 of null model − τ00 of predicting model)/τ00 of null medel；R^2 level 2 交互作用效果 = (τ11 of M3 − τ11 of M4)/τ11 of M3；+ p < 0.10，* p < 0.05，** p < 0.01，*** p < 0.001（双尾检验）。

表 5 -5 蒙特卡洛中介间接效应检验结果

检验路径	检验结果		
	间接效果	LLCI	ULCI
下属正念（X）→LMX（M）→工作投入（Y）	0.06	-0.02	0.14
下属正念（X）→感知的真实型领导（M）→LMX（Y）	0.21	0.07	0.35
下属正念（X）→感知的真实型领导（M）→工作投入（Y）	0.11	0.03	0.20
下属正念（X）→感知的辱虐管理（M）→LMX（Y）	0.04	0.04	0.18
下属正念（X）→感知的辱虐管理（M）→工作投入（Y）	0.20	0.01	0.08

注：员工人数 n = 275，领导人数 n = 56。蒙特卡洛估计为 95% 的置信区间，来自于 20000 次的重复抽样结果；CI（Confidence Interval）为可信区间。

5.5.3 感知的真实型领导的中介作用检验

假设 4 认为下属正念正向影响感知的真实型领导，即下属正念越高，感知的真实型领导越强。正如表 5 -6 所示，下属正念对感知的真实型领导的正向影响显著（$\beta = 0.28$，$SE = 0.10$，$p < 0.01$；Mode 11）。因此，假设 4 被支持。

假设 5 认为感知的真实型领导在下属正念与 LMX 关系中起到中介作用。表格 5 -7 中的模型 8 说明，在控制了下属正念及人口统计学变量之后，感知的真实型领导显著影响 LMX 关系（$\beta = 0.72$，$SE = 0.05$，$p < 0.001$；Mode 8），同时下属正念对 LMX 关系的影响系数有所下降，由 $\beta = 0.13$（$SE = 0.08$，$p = 0.13$，n. s.；Mode2）下降到 $\beta = -0.05$（$SE = 0.05$，$p = 0.33$，n. s.；Mode 8）。因此，说明感知的真实型领导在下属正念与 LMX 关系中起到中介作用。为进一步验证该过程的间接效应，本书采用 Preacher 和 Selig（2010）提出的蒙特卡洛中介效应置信区间估计法，结果表明，下属正念经由感知的真实型领导作为中介对 LMX 关系影响的间接效应显著（$\beta = 0.21$，95% CI = [0.07，0.35]）（见表 5 -5）。因此，假设 5 被支持。

表 5-6　感知的真实型领导中介效应与调节效应的 HLM 结果

变量	感知的真实型领导								工作投入					
	M10		M11		M12		M13		M5		M6		M14	
	β	*SE*	β	*SE*	β	*SE*	β	*SE*	β	*SE*	β	*SE*	β	*SE*
截距	4.50***	0.08	4.49***	0.08	4.49***	0.07	4.50***	0.07	4.52***	0.06	4.52***	0.06	4.53***	0.06
控制变量														
领导年龄	0.02*	0.01	0.02*	0.01	0.02*	0.01	0.02*	0.01	0.01	0.01	0.01	0.01	0.01	0.01
领导性别	-0.15	0.13	-0.15	0.12	-0.16	0.12	-0.15	0.12	0.08	0.10	0.08	0.10	0.11	0.10
下属年龄	-0.00	0.01	-0.00	0.01	-0.00	0.01	-0.00	0.01	-0.00	0.00	-0.00	0.01	-0.00	0.01
下属性别	0.05	0.10	0.05	0.09	0.05	0.09	0.04	0.09	0.01	0.08	0.00	0.08	-0.05	0.06
下属公司工作时间	-0.00**	0.00	-0.00***	0.00	-0.00***	0.00	-0.00***	0.00	-0.00	0.00	-0.00	0.00	0.00	0.00
预测变量														
下属正念			0.28**	0.10	0.29**	0.10	0.31**	0.09			0.17*	0.07	0.07	0.06
感知的真实型领导													0.40***	0.07
领导正念					0.09	0.08	0.01	0.08						
下属正念与领导正念的交互效果							0.24**	0.07						
σ2	0.52		0.47		0.46		0.46		0.43		0.42		0.32	
τ00	0.08**		0.11***		0.11***		0.11***		0.03*		0.03*		0.05**	
τ11			0.11		0.12		0.08				0.00		0.07	
R^2 level 1(%)	5.45		14.54						0.00		2.32		25.58	
R^2 level 2 截距式(%)					-37.50									
R^2 level 2 交互作用(%)							33.33							

注：员工人数 n=275，领导人数 n=56。预测变量所对应的数值为在稳健的标准误差下的固定效果的估计数；R^2 level 1 = (σ2 of null model − σ2 of predicting model)/σ2 of null model；R^2 level 2 截距式 = (τ00 of null model − τ00 of predicting model)/τ00 of null medel；R^2 level 2 交互作用效果 = (τ11 of M3 − τ11 of M4)/τ11 of M3；+p<0.10，*p<0.05，**p<0.01，***p<0.001（双尾检验）。

表 5-7 LMX 作为结果变量的 HLM 结果

变量	LMX							
	M1		M2		M8		M9	
	β	*SE*	β	*SE*	β	*SE*	β	*SE*
截距	4.33***	0.07	4.33***	0.07	4.35***	0.06	4.34***	0.07
控制变量								
领导年龄	0.02*	0.01	0.02*	0.01	0.02*	0.01	0.02*	0.01
领导性别	-0.11	0.11	-0.11	0.11	-0.09	0.12	-0.08	0.11
下属年龄	-0.00	0.01	-0.00	0.01	-0.00	0.00	-0.00	0.00
下属性别	-0.04	0.09	-0.05	0.09	-0.13+	0.07	-0.10	0.08
下属公司工作时间	-0.00**	0.00	-0.00**	0.00	-0.00	0.00	-.00*	0.00
预测变量								
下属正念			0.13	0.08	-0.05	0.05	0.03	0.08
感知的真实型领导					0.72***	0.06		
感知的辱虐管理							-0.34***	0.06
σ2	0.46		0.44		0.20		0.37	
τ00	0.04*		0.05*		0.10***		0.06	
τ11			0.045		0.04*		0.01	
R^2level 1（%）	4.17		8.33		58.33		22.91	

注：员工人数 n=275，领导人数 n=56。预测变量所对应的数值为在稳健的标准误差下的固定效果的估计数；R^2level 1 =（σ2of null model − σ2 of predicting model）/σ2 of null model；R^2 level 2 截距式 =（τ00 of null model − τ00 of predicting model）/τ00 of null medel；R^2 level 2 交互作用效果 = τ11 of M3 − τ11 of M4）/τ11 of M3；+p<0.10，*p<0.05，**p<0.01，***p<0.001（双尾检验）。

假设6认为感知的真实型领导在下属正念与工作投入之间起到中介作用。根据假设1的检验结果，本书已经验证下属正念正向影响工作投入。表格5-6中的模型14说明，在控制了下属正念和人口统计学变量之后，感知的真实型领导对工作投入的正向影响达到显著水平（$\beta=0.40$，$SE=0.07$，$p<0.001$；Model 14），而同时下属正念对工作投入的影响变得不再显著（$\beta=0.07$，$SE=0.06$，$p=0.258$，n.s.；Model 14），说明感知的真实型领导在下属正念和下属工作投入中起到完全中介作用。为进一步验证该过程的间接效应，本书采用Preacher和Selig（2010）提出的蒙特卡洛中介效应置信区间估计法，该方法适用于对跨层模型的1-1-1结构的间接效应进行检验。结果表明，下属正念经由感知的真实型领导作为中介对工作投入影响的间接效应显著（$\beta=0.11$，95% CI=［0.03，0.20］）（见表5-5）。因此，假设6得到支持。

5.5.4 感知的辱虐管理的中介作用检验

假设7提出下属正念负向影响感知的辱虐管理，即下属正念越高，感知的辱虐管理越少。正如表5-8所示，下属正念负向影响感知的辱虐管理，系数达到显著水平（$\beta=-0.30$，$SE=0.08$，$p<0.01$；Mode 16）。因此，假设7得到支持。

假设8认为感知的辱虐管理在员工正念和LMX关系中起到中介作用。表格5-7中的模型9说明，在控制了下属正念及人口统计学变量之后，感知的辱虐管理负向影响LMX关系，系数达到显著水平（$\beta=-0.34$，$SE=0.06$，$p<0.001$；Model 9），而同时下属正念对LMX关系的影响系数由$\beta=0.13$（$SE=0.08$，$p=0.13$，n.s.；Mode2）下降为$\beta=0.03$（$SE=0.08$，$p=0.668$，n.s.；Model 9），说明感知的辱虐管理在下属正念与LMX关系中起到中介作用。为进一步验证该过程的间接效应，本书采用Preacher和Selig（2010）提出的蒙特卡洛中介效应置信区间估计法，结果表明，下属正念经由感知的真实型领导作为中介对LMX关系影响的间接效应显著（$\beta=0.10$，95% CI=［0.04，0.18］）（见表5-5）。因此，假设8得到支持。

表 5-8 感知的辱虐管理中介效应与调节效应的 HLM 结果

变量	感知的辱虐管理								工作投入					
	M15		M16		M17		M18		M5		M6		M19	
	β	*SE*	β	*SE*	β	*SE*	β	*SE*	β	*SE*	β	*SE*	β	*SE*
截距	2. 40***	0. 08	2. 40***	0. 08	2. 40***	0. 08	2. 40***	0. 08	4. 52***	0. 06	4. 52***	0. 06	4. 53***	0. 06
控制变量														
领导年龄	-0. 00	0. 01	-0. 00	0. 01	-0. 00	-0. 01	-0. 00	0. 01	0. 01	0. 01	0. 01	0. 01	0. 01	0. 01
领导性别	0. 05	0. 13	0. 07	0. 13	0. 07	0. 13	0. 06	0. 13	0. 08	0. 10	0. 08	0. 10	0. 06	0. 10
下属年龄	0. 00	0. 01	0. 00	0. 01	0. 00	0. 01	0. 00	0. 01	-0. 00	0. 00	-0. 00	0. 01	-0. 00	0. 01
下属性别	-0. 21*	0. 10	-0. 22*	0. 09	-0. 22*	0. 09	-0. 22*	0. 10	0. 01	0. 08	0. 00	0. 08	-0. 02	0. 07
下属公司工作时间	0. 00**	0. 00	0. 00**	0. 00	0. 00**	0. 00	0. 00	0. 00	-0. 00	0. 00	-0. 00	0. 00	-0. 00	0. 00
预测变量														
下属正念			-0. 30**	0. 08	-0. 30**	0. 08	-0. 28**	0. 08			0. 17*	0. 07	0. 14+	0. 07
感知的辱虐管理													-0. 13*	0. 05
领导正念					-0. 05	0. 17	-0. 07	0. 18						
下属正念与领导正念的交互效果	0. 67/ 0. 045						0. 11*	0. 05	0. 43/ 0. 02					
σ2	0. 66		0. 62		0. 62		0. 62		0. 43		0. 42		0. 40	
τ00	0. 06*		0. 08**		0. 08**		0. 08**		0. 03*		0. 03*		0. 04*	
τ11			0. 020		0. 02		0. 01				0. 00		0. 01	
R^2 level 1（%）	1. 49		7. 46						0. 00		2. 32		6. 98	
R^2 level 2 截距式（%）					-60. 00									
R^2 level 2 交互作用（%）							50. 00							

注：员工人数 n = 275，领导人数 n = 56。预测变量所对应的数值为在稳健的标准误差下的固定效果的估计数；R^2 level1 =（σ2 of null model − σ2 of predicting model）/σ2 of null model；R^2 level 2 截距式 =（τ00 of null model − τ00 of predicting model）/τ00 of null medel；R^2 level 2 交互作用效果 =（τ11 of M3 − τ11 of M4）/τ11 of M3；+ p < 0. 10，* p < 0. 05，** p < 0. 01，*** p < 0. 001（双尾检验）。

假设9认为感知的辱虐管理在下属正念与工作投入中起到中介作用。根据假设1，下属正念与工作投入显著正相关。表5-8中的模型19说明，在控制了下属正念及人口统计学变量之后，感知的辱虐管理负向影响工作投入，系数达到显著水平（β=-0.13，SE=0.05，$p<0.01$；Model 19），而同时下属正念对工作投入的影响由显著变成边际显著（β=0.14，SE=0.07，$p<0.10$，Model 19），说明感知的辱虐管理在下属正念和工作投入中起到中介作用。为进一步验证该过程的间接效应，本书采用Preacher和Selig（2010）提出的蒙特卡洛中介效应置信区间估计法，结果表明，下属正念经由感知的辱虐管理作为中介对工作投入影响的间接效应显著（β=0.04，95% CI=［0.01，0.08］）（见表5-5）。因此，假设9得到支持。

5.5.5 领导正念对LMX关系的中介作用的调节检验

假设10认为领导正念调节下属正念对LMX关系的正向影响，当领导正念高而不是低时，下属正念对LMX关系有更强的正向影响。正如表5-4所示，下属正念与领导正念的交互作用对LMX关系的影响是显著的（β=0.18，SE=0.06，$p<0.01$；Model 4）。为进一步验证假设10，本书检验了在领导正念高于一个标准差和低于一个标准差时，下属正念对LMX关系的显著性。正如调节图所示（见图5-1），当领导正念高时，下属正念对LMX关系有显著性影响（simple slope=0.26，$p<0.05$）；相反，当领导正念低时，下属正念对LMX关系的影响变成不显著（simple slope β=0.06，n.s.），说明领导正念调节了下属正念与LMX关系的正向关系。因此，假设10被支持。

假设11提出，领导正念调节LMX关系在下属正念与工作投入的中介作用，当领导正念高而不是低时，中介效应更强。表5-9表示，蒙特卡洛20000次重复抽样的结果显示，领导正念对LMX关系在下属正念与工作投入的中介作用中具有调节效果，当领导正念水平为高出一个标准差时是显著的（β=0.24，95% CI=［0.02，0.23］），但当领导正念水平低于一个标准差时是不显著的（β=0.04，95% CI=［-0.09，0.13］）。同时，两者的差异也是显著的（β=0.20，95% CI=［0.03，0.18］）。因此，假设11得到了支持。

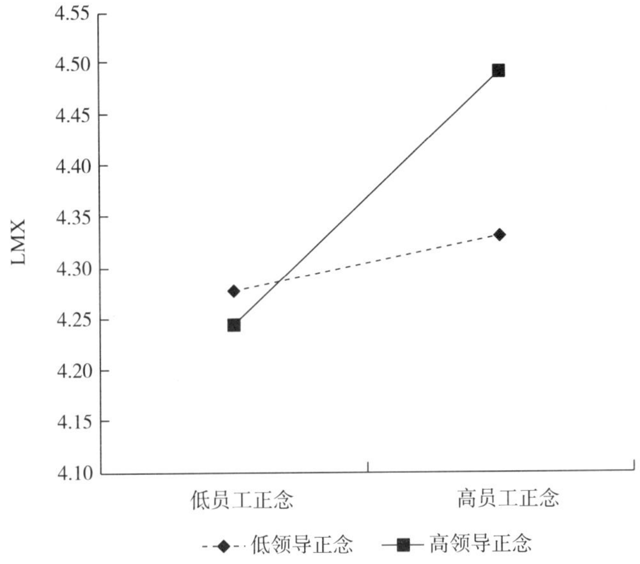

图 5－1 领导正念对下属正念正向影响 LMX 关系的调节效应

表 5－9 蒙特卡洛被调节的中介对工作投入间接效应检验结果

检验条件	下属正念（X)→感知的真实型领导(M)→工作投入（Y)			下属正念（X）→LMX（M）→工作投入（Y)			下属正念（X）→感知的辱虐管理(M)→工作投入（Y)		
	间接效果	LLCI	ULCI	间接效果	LLCI	ULCI	间接效果	LLCI	ULCI
高领导正念（+1SD)	0.42	0.06	0.28	0.24	0.02	0.23	－0.26	－0.00	0.09
低领导正念（－1SD)	0.14	－0.04	0.16	0.04	－0.09	0.13	－0.39	0.00	0.12
高领导正念与低领导正念的差异	0.28	0.04	0.19	0.20	0.03	0.18	0.13	－0.08	0.04

注：员工人数 n＝275，领导人数 n＝56。低和高的条件是平均值的 1 个标准差；蒙特卡洛估计为 95% 的置信区间，来自于 20000 次的重复抽样结果；CI 为可信区间。

5.5.6 领导正念对感知的真实型领导的中介作用的调节检验

假设 12 提出领导正念调节下属正念对感知的真实型领导的正向影响，当领导正念高而不是低时，下属正念对感知的真实型领导有更强的正向影响。正如表5－6所示，下属正念与领导正念的交互作用对感知的真实型领导的影响是显著的（β＝0.24，SE＝0.07，p＜0.01；Model 13）。为进一步验证假设11，本书检验了在领导正念高于一个标准差和低于一个标准差时，下属正念对感知的真实型领导影响的显著性。正如调节图所示（见图5－2），当领导正念高时，下属正念对感知的真实型领导有显著性影响（simple slope β＝0.45，p＜0.01）；相反，当领导正念低时，下属正念对感知的真实型领导的影响变成边际显著（simple slope β＝0.17，n.s.），说明领导正念高时，影响效应更强。这一结果表明领导正念调节了下属正念对感知的真实型领导的正向影响。因此，假设12被支持。

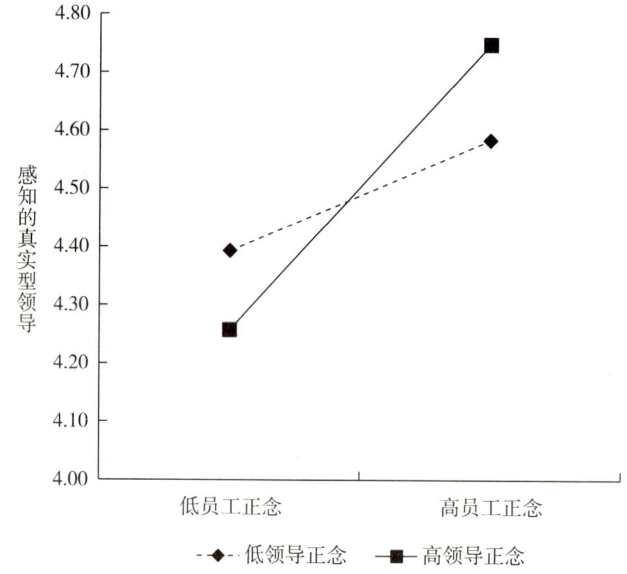

图5－2　领导正念对下属正念正向影响感知的真实型领导的调节效应

假设13认为领导正念调节感知的真实型领导在下属正念与LMX关系的中介作用，当领导正念高而不是低时，中介效应更强。表5－10蒙特卡洛20000次重复抽样的结果显示，领导正念对下属感知的真实型领导在下属正念与LMX关系的中介作用中具有调节效果，当领导正念水平为高出一个标准差时是显著的（β＝0.45，95% CI＝［0.13，0.50］），但当领导正念为水平低于一个标准差时（－1SD）是不显著的（β＝0.17，95% CI＝［－0.04，0.28］）。同时，两者的差异也是显著的（β＝0.28，95% CI＝［0.08，0.31］）。因此，假设13得到了支持。

表 5-10 蒙特卡洛被调节的中介对 LMX 间接效应检验结果

检验条件	下属正念（X）→感知的真实型领导（M）→LMX（Y）			下属正念（X）→感知的辱虐管理（M）→LMX（Y）		
	间接效果	LLCI	ULCI	间接效果	LLCI	ULCI
高领导正念（+1 SD）	0.45	0.13	0.50	-0.26	0.01	0.16
低领导正念（-1 SD）	0.17	-0.04	0.28	-0.39	0.05	0.20
高领导正念与低领导正念的差异	0.28	0.08	0.31	0.13	-0.13	0.04

注：员工人数 n=275，领导人数 n=56。低和高的条件是平均值的 1 个标准差。蒙特卡洛估计为 95%的置信区间，来自于 20000 次的重复抽样结果；CI 为可信区间。

假设 14 提出了领导正念调节下属感知的真实型领导在下属正念与工作投入的中介作用，当领导正念高而不是低时，中介效应更强。表 5-9 蒙特卡洛 20000 次重复抽样的结果显示，领导正念对下属感知的真实型领导在下属正念与工作投入的中介作用中起到调节效果，当领导正念水平高出一个标准差时是显著的（β=0.45，95% CI=［0.06，0.28］），但当领导正念为水平低于一个标准差时（-1SD）是不显著的（β=0.14，95% CI=［-0.04，0.16］）。同时，两者的差异也是显著的（β=0.28，95% CI=［0.04，0.19］）。因此，假设 14 得到了支持。

5.5.7 领导正念对感知的辱虐管理的中介作用的调节检验

假设 15 提出领导正念调节下属正念对感知的辱虐管理的负向影响，当领导正念低而不是高时，下属正念对感知的辱虐管理有更强的负向影响。如表 5-8 所示，下属正念与领导正念的交互作用对感知的辱虐管理的影响是显著的（β=0.11，SE=0.05，$p<0.05$；Model 18）。为进一步验证假设 14，本书检验了在领导正念高于一个标准差和低于一个标准差时，下属正念对感知的辱虐管理影响的显著性。如调节图所示（见图 5-3），研究结果发现，当领导正念低时，下属正念对感知的辱虐管理的影响是显著的（simple slope β=-0.35，$p<0.01$）；相反，当领导正念高时，下属正念对感知的辱虐管理只是边际显著的（simple slope β=-0.22，n. s.），说明领导正念低时，两者关系关系更强。这一结果表明，领导正念调节了下属正念对感知的辱虐管理的负向影响。因此，假设 15 被支持。

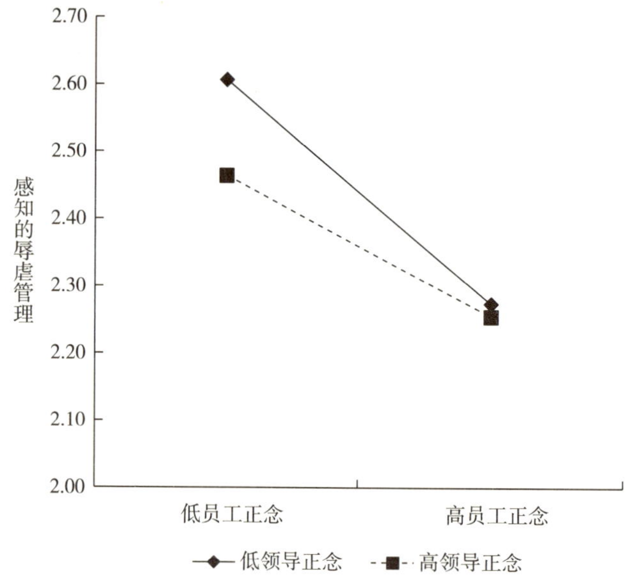

图 5－3　领导正念对下属正念负向影响感知的辱虐管理的调节效应

假设 16 提出领导正念调节感知的辱虐管理在下属正念与 LMX 关系的中介作用，当领导正念低而不是高时，中介效应更强。表 5－10 蒙特卡洛 20000 次重复抽样的结果显示，虽然当领导正念水平为低于一个标准差时（β＝－0.39，95% CI＝［0.05，0.21］）和当领导正念为水平高于一个标准差时（β＝－0.26，95% CI＝［0.01，0.17］）都是显著的，但两者的差异是不显著的（β＝0.13，95% CI＝［0. －0.13，0.05］）。由于差异不显著，因此假设 16 不被支持。

假设 17 认为领导正念调节感知的辱虐管理在下属正念与工作投入的中介作用，当领导正念低而不是高时，中介效应更强。表 5－9 蒙特卡洛 20000 次重复抽样的结果显示，领导正念对下属感知的辱虐管理在下属正念与工作投入的中介作用中起到调节效果，当领导正念水平为低于一个标准差时是显著的（β＝－0.39,95% CI＝［0.00，0.12］），当领导正念为水平高于一个标准差时是不显著的（β＝－0.26，95% CI＝［－0.00，0.09］），且两者的差异也是不显著的（β＝0.13，95% CI＝［－0.08，0.04］）。因此，假设 17 没有被支持。

以上假设检验结果是在控制了领导年龄、性别、下属年龄、性别和在公司的工作时间这几个人口统计学变量的基础上得到的。这些变量在以往的研究中发现

对特质正念、真实型领导、辱虐管理、LMX 关系和工作投入均有一定程度的影响（Zhang & Bednall，2016）。需要说明的是，当去除控制变量后本书研究模型的净效果，其结论与放入控制变量基本一致，唯一较大的差异来自假设 15 领导正念对感知的辱虐管理的调节效应：在不放入控制变量的情况下，领导正念对感知的辱虐管理的调节效应为边际显著（$\beta = 0.10$，$SE = 0.06$，$p = 0.08$），其余的检验结果与放入控制之后的结果没有显著性差异。因而，上述假设检验的结果总体上是可靠的。

综上所述，在考察下属正念对 LMX 关系、感知的真实型领导、感知的辱虐管理和工作投入的单独影响及与领导正念交互影响时，基于领导—下属配对的数据的 HLM 分析结果和蒙特卡洛的分析结果支持了大部分研究假设。具体而言，下属正念正向影响感知的真实型领导、负向影响感知的辱虐管理，感知的真实型领导与感知的辱虐管理在下属正念与 LMX 关系和下属正念与工作投入的中介效应也分别被支持；领导正念调节了下属正念对感知的真实型领导和 LMX 关系的正向影响及中介作用；领导正念调节了下属正念对感知的辱虐管理的负向影响，但对于下属感知的辱虐管理的两个中介效应的调节未获得支持。上述结果说明，在工作场所，下属正念与领导正念对领导行为、LMX 关系和工作投入存在交互影响，尽管这种影响的效用大小和结果是有差异的。这些研究结果为考察组织中的领导与下属正念对领导力及工作投入的影响提供了初步的实证证据。

本章小结

本章主要是实证检验上一章提出的关于下属正念与领导正念对领导行为、LMX 关系和工作投入之间的假设关系，从而为本书第 3 章提出的正念对领导力及工作投入影响的研究模型提供初步的实证支持。通过在企业现场进行问卷调查，本章的研究获得了 275 对领导者与直接下属的匹配数据。本书假设检验的结果如表 5 - 11 所示。可以看出，基于本书构建的正念对领导力及工作投入的作用机制模型，从各路径出发，所提出的假设关系大部分得到了验证，基本符合理论预期，而对于未能获得支持的研究假设，需要结合理论研究进行更深入的分析。

表 5-11　假设检验的结果汇总

假设	假设内容	检验结果
H1	下属正念正向影响工作投入，即下属正念越高，工作投入越强	支持
H2	下属正念正向影响 LMX 关系，即下属正念越高，LMX 关系越好	不支持
H3	LMX 关系在下属正念与工作投入之间起到中介作用	不支持
H4	下属正念正向影响感知的真实型领导，即下属正念越高，感知的真实型领导越强	支持
H5	感知的真实型领导在下属正念与 LMX 关系之间起到中介作用	支持
H6	感知的真实型领导在下属正念与工作投入之间起到中介作用	支持
H7	下属正念负向影响感知的辱虐管理，即下属正念越高，感知的辱虐管理越少	支持
H8	感知的辱虐管理在下属正念与 LMX 关系中起到中介作用	支持
H9	感知的辱虐管理在下属正念与工作投入中起到中介作用	支持
H10	领导正念调节下属正念对 LMX 关系的正向影响，当领导正念高而不是低时，下属正念对 LMX 关系有更强的正向影响	支持
H11	领导正念调节 LMX 关系在下属正念与员工投入的中介作用，即当领导正念高而不是低时，中介效应更强	支持
H12	领导正念调节下属正念对感知的真实型领导的正向影响，当领导正念高而不是低时，下属正念对感知的真实型领导有更强的正向影响	支持
H13	领导正念正向调节感知的真实型领导在下属正念与 LMX 关系的中介作用，即当领导正念高而不是低时，中介效应更强	支持
H14	领导正念正向调节感知的真实型领导在下属正念与工作投入的中介作用，即当领导正念高而不是低时，中介效应更强	支持
H15	领导正念调节下属正念对感知的辱虐管理的负向影响，当领导正念低而不是高时，下属正念对感知的辱虐管理有更强的负向影响	支持
H16	领导正念调节感知的辱虐管理在下属正念与 LMX 关系的中介作用，即当领导正念低而不是高时，中介效应更强	不支持
H17	领导正念调节感知的辱虐管理在下属正念与工作投入的中介作用，即当领导正念低而不是高时，中介效应更强	不支持

6 研究讨论与结论

6.1 研究结果分析

在信息高度发达的当今社会，分心和焦虑考验着组织的领导者和员工，使组织领导力的效果大大减弱，“正念”由于能够带来个体平静和注意效率的提升而进入组织研究和实践者的视野。然而，相比于实践领域对正念如火如荼的应用，学术界关于正念如何影响领导力及工作投入的问题还缺乏足够的重视。本书以企业组织中的“正念对领导力及工作投入的影响”为研究主题，首先通过理论研究方法系统地对正念对领导力及工作投入进行了探讨，构建了一个领导与员工交互视角的正念对领导力及工作投入影响模型。该模型指出了领导与下属正念交互影响感知的真实型领导、感知的辱虐管理和 LMX 关系，并通过这三条路径进一步影响了工作投入。该模型还反映了领导与下属正念通过感知的真实型领导、感知的辱虐管理交互影响 LMX 关系。之后，通过一个领导者与下属的配对数据样本，分别对上述路径进行了实证检验。

本书实证研究的前半部分考察了下属正念对感知的真实型领导、感知的辱虐管理以及 LMX 关系三条路径的直接影响以及三者作为中介作用对相应变量的影响。数据分析表明：下属正念正向影响工作投入和感知的真实型领导，负向影响感知的辱虐管理，这分别支持了本书的研究假设 H1、假设 H4 和假设 H7。此外，在不放入控制变量的情况下，下属正念对 LMX 关系的正向影响的 HLM 检验结果是边缘显著的正向关系（$p < 0.10$），此时部分支持了本书的研究假设 H2，但在

放入了控制变量之后，此项结果变得不显著，因而总体上不能认为这一研究假设获得了支持。在本书第 4 章的假设提出部分，考虑到正念对人际关系的正向影响，本书提出了假设 2，即下属正念正向影响 LMX 关系。结合上述实证结果可以看出，下属正念对 LMX 关系的直接影响效果较弱，没有达到统计显著的水平。这一假设检验的结果有助于深化理解正念对工作场所人际关系的价值。由于工作场所的个体行为嵌入在环境中，因而正念对人际关系的作用必然受到环境的影响（如领导者）。而放入了人口统计学变量前后的显著性差异，也说明正念对人际关系的影响效果受到个体（领导或下属）年龄、性别与所在公司时间的较大影响。对于下属正念与 LMX 关系中介作用的考察，研究结果发现了感知的真实型领导和感知的辱虐管理的部分中介作用，支持了本书的研究假设 H5 和假设 H8。需要说明的是，尽管研究假设 2（下属正念正向影响 LMX 关系）的检验结果未能获得支持，但此项中介作用的检验仍然是有意义的。一些关于研究方法的文章提出，因为可能存在某种相反的中介作用效果抵消或削弱了自变量对因变量主效应的直接作用（Preacher & Hayes，2004；Zhao et al.，2010），中介效应的检验不一定要以直接效应的显著为前提（Mackinnon et al.，2000；Shrout & Bolger，2002）。因而，假设 5 和假设 8 的中介作用成立。再将两个中介作用进行对比可以发现，感知的真实型领导相比于感知的辱虐管理而言，中介效果更强（系数下降更为明显，且出现了影响方向的变化），这一实证检验结果说明，下属正念通过感知的真实型领导对感知的 LMX 关系有更强的促进效果。对于感知的辱虐管理这一中介而言，尽管系数变化有限，但其显著性表明下属正念通过较少的辱虐管理感知在一定程度上促进了对 LMX 关系的正向感知。同样，感知的真实型领导和感知的辱虐管理对于下属正念与工作投入的中介作用也获得了支持，支持了本书的研究假设 H6 和假设 H9，其中感知的真实型领导具有更强的直接影响与中介效果（显著性最强，中介作用的系数有明显的下降）。这一结果联合假设 5 和假设 8 的结果说明，正向领导行为（真实）的感知对于 LMX 关系和工作投入的中介效果大于负向领导行为（辱虐管理）的感知效果。这一对比结果也符合常识性的认识，即对某种正向行为的感知总会更容易促进正向态度与行为。最后，关于 LMX 关系在下属正念和工作投入的中介作用，虽然 HLM 检验的结果是显著的，但在蒙特卡洛间接效用检验中未能通过，又由于假设 2（下属正念正向影响

LMX 关系）没有获得支持，因而不能认为假设 3 获得了支持。这一实证研究结果也可以理解为，下属正念在对 LMX 关系没有显著影响的情况下，必然难以通过 LMX 关系影响其工作投入。因此，研究假设 2 和研究假设 3 的结果是合乎逻辑和推理的。当然对于下属正念与 LMX 关系之间的关系，还需要在未来的研究中进一步考察。

本书实证研究的后半部分分别考察了领导正念对上述路径的调节效果。数据分析结果表明：领导正念调节了下属正念对 LMX 关系、感知的真实型领导的正向影响，以及下属正念对感知的辱虐管理的负向影响，分别支持了本书的研究假设 10、假设 12 和假设 15。其中，领导正念调节下属正念对感知的真实型领导和下属正念对 LMX 关系的效应更强（显著性与影响系数均高于感知的辱虐管理），说明当领导与下属均有较高水平的特质正念时，对真实型领导和 LMX 关系有更大的影响。当领导正念水平较低时，对下属正念与感知的辱虐管理的影响效应总体上略弱于感知的真实型领导的影响效应。此外，需要指出的是，下属正念对感知的辱虐管理的负向影响是在控制了人口统计学变量基础上得到的。本书上一章已经指出，在没有放入任何控制变量的情况下，领导正念的调节效应只是达到边际显著的（$\beta=0.10$，$SE=0.06$，$p=0.08$），这说明领导正念对下属正念对感知的辱虐管理的调节效应显著受到了领导者和下属性别、年龄以及下属在公司时间（这里也可以理解为下属在公司的资历）的综合影响，因而出现了结果的差异。考虑到以往元分析发现下属对辱虐管理的感知的确受到人口统计学相关特征的影响（Zhang & Bednall，2016），因而本书认为假设 15（领导正念调节下属正念对感知的辱虐管理的负向影响）获得了支持。此外，研究结果表明，领导正念调节 LMX 关系在下属正念和工作投入之间的中介作用，同时也调节感知的真实型领导在下属正念与 LMX 关系和工作投入之间的中介作用，支持了研究假设 11、假设 12、假设 13。一个有趣的发现是，在领导正念的参与下，原来下属正念对 LMX 关系未能获得支持的假设均获得了支持，这正说明在下属正念对 LMX 关系感知的影响过程中，只有当领导正念也高时，才能与下属建构更高质量的 LMX 关系，这也符合常识中的理解。本书研究同时发现，在领导正念的作用下，下属对真实型领导的感知更有效地促进了 LMX 关系和工作投入，这一结果验证了领导与下属正念对真实型领导和 LMX 关系及其结果的整合效果。但遗憾的是，研究结果未能发现领导正念对感知的辱虐管理在下属正念与 LMX 关系之间和下属正念与工作投入之间两个中介作用的调节效果，即研究假设 16 和研究假设 17 未能获得支持。进一步讨论蒙特卡洛的间接效应检验结果，假设 16 的结果是在领导正念高或低的情况下显著，但两者的差异不显著，这说明无论领导正念高还是低，下属正念都不会通过感知的辱虐管理这条路径对 LMX 关系的影响产生显著差异，即下属正念对 LMX 关系的影响此时并不受领导正念水平的影响。假设 17 的蒙特卡洛间接效应检验结果在领导正念为低时显著，但领导正念为高时和两者的差异均不显著，可见当领导正念与下属正念交互作用时，对下属辱虐管理感知的中介作用影响较为复杂。两个被调节的中介效果未被支持，说明相比于真实型领导这一正向行为，下属正念很难通过感知的辱虐管理这样的负向行为感知的减少而增加 LMX 关系和工作投入。因此，对正向领导行为（如真实）的感知更可能带来积极的结果，而对负向领导行为（如辱虐管理）的感知未必带来对态度与行为结果的正向作用。

6.2 研究讨论

本书基于正念能够成为领导力特质的新来源，选择正念对领导力及工作投入的影响作为研究主题。不同于以往研究对于正念对领导力影响的探讨（Reb et al.，2014），本书主要将领导正念与下属正念结合起来考虑二者对领导力及工作投入的交互作用，以便更好地回答“正念怎样影响领导力及工作投入”这个问题。本书针对正念对领导力及工作投入影响的理论探讨中，以正念对工作场所作用路径为出发点，讨论了正念通过深化个体觉知、自我调节和人际关系影响相应的领导行为与 LMX 关系。继而，本书根据领导力研究视角和理论分析，基于领导与下属交互视角讨论了正念对领导力的作用机制，并将研究聚焦于一个正向领导行为（感知的真实型领导）、一个负向领导行为（感知的辱虐管理）以及 LMX 关系质量三个方面的讨论，最终的理论模型也包含了员工态度（工作投入）以检验正念对领导力的作用效果。本书通过整合正念与领导力的相关理论提出研究假设，认为领导与下属正念交互影响真实型领导、辱虐管理、LMX 关系和工作投入，本书同时讨论了真实型领导、辱虐管理、LMX 关系作为中介作用的效果，进而通过实证研究进行了考察。领导与下属配对的 275 对数据表明：下属正念促进了对真实型领导的感知，减少了对辱虐管理的感知，从而通过这些感知影响了 LMX 关系和工作投入。这与本书的理论预期相一致，即下属正念因为其不加评判的、对当下的关注而对感知的领导风格有直接影响。这一发现不同于以往仅仅关注了下属正念对领导行为的调节效果的研究（Eisenbeiss & Van Knippenberg，2015），从理论上解释了下属正念在领导行为构建中的价值。

加入领导正念作为情境因素之后，上述影响变得稍微复杂。研究结果支持了领导正念与下属正念交互影响感知的真实型领导，并通过感知的真实型领导进一步影响了 LMX 关系和工作投入，说明感知的真实型领导、LMX 关系和工作投入都受到来自领导正念与下属正念两方面的影响，即在下属特质正念与领导特质正念高的情况下，领导者更可能表现出或被下属感知到更多的真实型领导风格，这一感知的真实型领导不仅影响 LMX 关系，也会影响自身的工作投入。这个发现拓展和深化了以往研究对于正念对真实型领导影响的解释。进一步讨论发现，LMX 关系与感知的辱虐管理中介作用的效果，在领导正念的参与下，表现出截然不同的结果。对于 LMX 关系而言，下属正念对 LMX 关系的直接影响与 LMX 关系的中介作用未能达到显著。然而，这一影响在领导正念的参与下，其调节作用和被调节的中介作用均得到了支持。这说明领导正念在 LMX 关系构建中不可或缺。而领导正念对感知的辱虐管理影响中介作用的调节则与 LMX 关系正好相反，在领导低正念的情况下，感知的辱虐管理在下属正念与 LMX 关系和工作投入的中介效果被调节未能得到支持。这个结果可以解释为，下属正念通过感知到较少的辱虐管理可能会增加工作投入。在领导者低正念状态下，正念高的下属更少地受到辱虐管理的影响，但由于辱虐管理可能是客观存在或已经发生的，此时很难激发下属的正向工作效果，如增进 LMX 关系或工作投入。此外，对于感知的辱虐管理和 LMX 关系的因果关系，以往的研究中发现也有不同的结果。一部分研究认为，LMX 关系是辱虐管理的前因变量（Martinko et al.，2010；张静等，2017），从 LMX 理论出发，可以解释为，相对于“圈内人”而言，“圈外人”更倾向于认为他们受到了领导的辱虐；或者也可以解释为当领导与其共事者产生矛盾时，为了不影响与其“圈内人”的关系，领导倾向于将“怒气”发泄在“圈外人”身上（Harris et al.，2011）而另一些研究认为，LMX 关系可能作为辱虐管理的结果变量或调节变量（Xu et al.，2012；Peng et al.，2014）。本书的研究结果支持了 LMX 关系作为辱虐管理的结果变量，但本书并不能排除 LMX 关系作为前因对辱虐管理的影响。关于辱虐管理与工作投入，本书的研究发现了两者的影响关系，即感知的辱虐管理越多，越可能降低工作投入。以往的大部分研究也支持这一结果。但最近一项有趣的研究发现，虐辱管理对领导的能量恢复与工作投入产生短期的积极影响（Qin et al.，2017），因而在考虑了时间因素之后，辱虐管理和工作投入的影响可能因影响对象不同变得复杂，未来的研究如果将正念作为一种状态，需要考虑两者之间的因果关系可能随着影响时间的长短而有所变化。

综合上述实证研究发现和讨论可以看出，本书的结果深化了人们关于正念如何影响领导力及工作投入的认识。本书的研究旨在分析工作场所正念对领导力及工作投入的作用机制，从而为正念及正念训练在实践中的应用提供理论依托。本书在讨论时基于领导与下属交互视角，并结合了领导行为和 LMX 关系，同时包含工作投入作为领导力的一个结果变量。这相比于以往研究，主要有以下几点区别：第一，基于领导与下属交互视角，区别于以往正念对领导力及工作投入讨论局限于领导正念或下属正念单一层面。尤为重要的发现是，本书的讨论发现了下属正念对领导行为感知的直接影响，从下属视角突出了下属正念在领导力建构中也起到重要的作用。这也呼应了当前领导力研究中对下属中心视角的重视。第二，本书的研究还将领导和下属特质与领导行为相结合，拓展了以往领导力研究中只关注特质或者只关注行为的讨论范围。第三，本书的研究不仅包含领导的正向和负向两种行为，还包含了 LMX 关系质量和一个员工态度变量工作投入，从而更为全面地考虑了正念对领导力的影响。但也需要清楚的是，关于正念对领导力及工作投入的影响研究尚处在摸索阶段，本书的上述发现旨在提供一种可能的解释，也希望对未来正念对领导力及工作投入影响的研究带来一些有益的启示。

首先，在正念与领导力的研究关系中，基于领导与下属交互视角值得被重视和挖掘。如前文对领导力的分析，领导力的最终效果取决于领导者、下属、领导与下属的互动关系。从领导与下属交互视角分析领导力的效用也为当前领导力研

究提供了新方向。本书从交互视角，将正念作为一种注意力品质和认知能力讨论了其对领导力研究当前的价值，本书的研究结论发现和验证了领导力构成的新要素，拓展了当前的研究成果。

其次，将特质正念与具体领导行为和领导—成员关系相结合的理论模型有助于更准确地理解正念对领导力作用的过程。在此之前，一些研究仅仅讨论了领导正念或下属正念对某一具体领导行为的直接影响和调节作用，并没有重视考察两者之间的交互作用（Hollander，2012；Howell & Shamir，2005），也没有研究考察两者交互对 LMX 关系的影响，本书首先在这些方面进行了尝试。

最后，需要注意的是，本书关于正念对领导力及工作投入影响的讨论，只是一个初步的研究。本书主要关注领导与下属正念对领导行为、LMX 关系和工作投入的交互作用，而对于正念对领导力影响可能暗含的其他机制并没有做相应的探讨和检验。为了更加准确地识别正念对领导力及工作投入的影响机制，一方面，未来的研究需要考察领导与下属正念交互如何引发某种具体心理和生理机制变化进而影响领导行为的感知和效果。另一方面，本书对领导力的影响结果只考虑了工作投入一个态度变量，未来可以考虑加入工作绩效、组织公民行为的其他结果类变量，以为正念对领导力的作用结果提供更为充分的解释。

通过上述关于正念对领导力及工作投入的理论模型与检验结果的分析，本书深化了正念如何影响领导力以及工作投入的认识。结合前文的讨论，这些研究结果将为后续关于正念对领导力及工作投入影响的研究提供可行的思路，同时也呼唤更多的实证检验能提供新的支持证据，丰富和发展正念对领导力的作用机制。

6.3 研究结论

根据上文的理论分析与研究结果，本书研究的主要结论总结如下：

第一，正念是一种对当下所发生事件和经历，包括内在的（思想、身体感觉）和外部刺激（物理和社会环境），不加评判地接纳的注意力和觉知。正念的四个特征包括：持续的注意力、丰富的觉知、关注当下和不加评判的接纳。正念在工作场所发挥作用的三条路径包括深化个体觉知、增强自我调节、促进人际关系。正念通过这三个方面对领导力及工作投入产生影响。

第二，正念所带来的注意力和觉知品质将为领导力研究提供新价值。正念连接着领导者自我觉知、自我调节，影响基于关系的领导力，因此可能影响真实型领导、辱虐管理和LMX关系，将特质正念引入领导力研究非常有必要。本书基于领导—下属交互视角，将领导者、下属与领导—下属关系共同纳入正念对领导力的分析框架，进一步加入工作投入，更为全面地分析领导与下属正念交互领导力产生的实际效果，提出了领导与下属正念影响领导力及工作投入的研究模型，从而发现了正念对领导力及工作投入的影响价值与路径。

第三，下属正念对感知的领导行为和结果产生不同的影响。实证研究结果显示：下属正念正向影响感知的真实型领导；下属正念负向影响感知的辱虐管理；下属正念通过感知的真实型领导以及感知的辱虐管理影响领导—成员交换关系；下属正念通过感知的真实型领导、感知的辱虐管理以及领导—成员交换关系影响工作投入。其中，下属正念对感知的真实型领导的直接影响和其作为中介作用的影响效果最强。

第四，领导正念在下属正念对感知的领导行为、LMX关系和工作投入中起到调节作用。实证研究结果显示：领导正念调节下属正念与感知的真实型领导以及下属正念与LMX关系的正向影响；领导正念调节下属正念与感知的辱虐管理的负向影响；领导正念调节了感知的真实型领导在下属正念与LMX关系以及下属正念与工作投入之间的中介作用；领导正念调节了LMX关系在下属正念和工作投入之间的中介作用。

6.4 理论贡献

本书在回顾和把握相关文献的基础上，立足于工作场所正念发挥作用的途径，结合领导力研究的相关理论，提出了正念对领导力及工作投入影响的研究模型，以此展开了实证研究。综合理论分析和实证研究结果，本书的理论贡献主要体现在以下几方面：

第一，整合梳理了当前正念相关的文献，为未来研究提供参考和指引。首先，本书在前人对正念定义的基础上，对正念内涵进行了重新界定，归纳出注意力、觉知、专注当下和对参与的刺激不加评判地接纳四个方面的内涵。其次，本书对正念的测量、对人体的影响功能等相关情况进行了汇总分析。再次，本书从正念对工作态度和工作行为两大方面梳理了当前工作场所正念相关研究的文献，并提炼归纳了正念对领导力及工作投入研究的成果与不足，为今后的正念研究提供了方向与指引。最后，本书进一步梳理出正念对工作场所发挥作用的途径，即深化个体觉知、增强自我调节和促进人际关系三个方面，并将之应用于正念对领导力的影响分析。之前的研究并没有将两者结合分析，本书推进了前人的研究成果。

第二，推动并深化了领导与下属正念对领导力及工作投入影响机制的研究，丰富了正念研究文献。本书构建并实证检验了领导与下属正念对领导力及工作投入影响的研究模型，首次验证了领导与下属特质正念对领导力及工作投入的交互影响。相比于以往研究，基于交互视角的讨论为正念研究提供了新思路。本书的研究发现也为验证正念在工作场所的效用提供了支持。理论分析与实证研究结果验证了领导与下属正念对一正一反（真实型领导和辱虐管理）两类领导风格的交互影响、对 LMX 关系交互作用的直接以及间接影响，这一发现回应了 Reb（2014）提出关于深化正念对领导力影响的建议。关于领导与下属正念对 LMX 关系交互作用的直接和间接影响的发现，也验证并推进了关于正念对人际关系的研究成果（Saavedra et al.，2010）。本书关于领导与下属正念通过领导行为与 LMX 关系间接影响工作投入的发现，系统性地考察了领导者、下属、领导行为与领导—下属二元关系对工作投入的影响，拓展了正念对工作投入影响的中介机制，为正念对工作投入的作用机制提供了更有效的解释。这些突破性的发现丰富和深化了当前正念对领导力及工作投入的研究。

第三，推动领导力研究的进一步发展。本书的研究模型基于领导力分析的三元要素（领导者、下属和领导—下属互动关系），将领导正念和下属正念作为一种特质同时纳入研究模型，同时考虑了正念对于领导正向行为（感知的真实型领导）和领导负向行为（感知的辱虐管理）以及领导与下属关系（LMX）三个方面的直接影响，以及通过这些影响对工作投入的效果。本书将下属正念也纳入对领导力影响的分析体系，并强调在领导力建构中不可忽视下属感知的作用，这区别于以往研究对领导或下属的单一考察。本书的研究模型同时考虑了领导正念作为边界条件，也避免了对下属角色过于强调或出现矫枉过正（Kark & Van Dijk，2007；Uhl - Bien et al.，2007）的情况。同时基于下属视角的分析，本书的研究成果丰富和发展了内隐领导理论。因而本书以相对较为全面的观察视角论证了正念对领导力的影响，为领导力研究提供了新思路。

第四，拓展了领导行为与 LMX 关系的前因研究。首先，本书发现下属特质正念与领导特质正念交互影响感知的真实型领导、感知的辱虐管理，说明领导与下属注意力和觉知品质成为两者的前因变量，这推进了以往的研究成果。之前的研究只发现大五人格对领导行为的影响（Bono & Judge，2004；Judge et al.，2002），并且较少的研究考虑和分析了注意力和觉知品质。其次，将注意力和觉知作为一个重要品质引入了 LMX 关系前因研究，推动和促进 LMX 关系理论的发展。本书发现下属特质正念与领导特质正念交互影响 LMX 关系质量，这不仅支持了以往研究关于领导者或下属特质对 LMX 关系的影响（Dulebohn et al.，2012；Schyns et al.，2012），同时还支持和验证了相似性对 LMX 关系影响的结论（Tziner，2002）。这一发现更有助于理解个体的注意力品质在领导—成员关系建构中的价值。此外，关于领导与下属正念通过感知的真实型领导交互影响 LMX 关系的验证与发现，为工作场所促进人际关系提供新路径，即可以通过识别特质正念高的领导者与下属，并进一步培育真实型领导风格来促进 LMX 关系。这些发现丰富了当前领导力的研究成果，对领导力的前因研究提供了新的价值与可能。

第五，拓展了工作投入前因研究。关于工作投入的前因研究，以往发现个人特质（如低神经质与高外向性）能够预测工作投入（Langelaan et al.，2006），特质正念以及正念训练与工作投入正相关（Leroy et al.，2013；Malinowski & Lim，2015），但并没有研究同时关注领导与下属正念对工作投入的影响。本书的发现拓展了工作投入的前因研究。关于领导正念与下属正念通过感知的真实型领导和领导—成员关系交互影响工作投入的发现，深入解释了领导与下属正念作为工作投入前因变量的影响机制，丰富了当前工作投入的研究成果。

6.5 实践启示

如本书开篇所言，世界将引来一场正念的革命。在注意力资源稀缺和复杂环境带来的压力日益加大的背景下，如何管理和提升注意力品质以及发展个体抗干扰的内在力量成为企业管理实践中迫切需要解决的问题。本书关于正念对领导力及工作投入的讨论将会为组织管理和领导力实践提供如下几个方面的启迪与参考：

第一，本书发现领导与下属正念所提供的注意力和觉知品质对领导力有显著影响。组织可以以此作为人力资源管理的依据。首先，组织可以在岗位胜任力模型中，考虑对领导者与下属特质正念水平的要求。其次，组织可以在招聘环节加入对应聘者特质正念的考察，以预测未来可能的领导绩效。再次，组织可以通过为领导者及下属提供正念训练或与之相关的练习来提升领导力水平与效果。尽管本书聚焦于特质正念，诸多的研究已经表明，在一定时间内，自我报告的特质正念分数可以通过正念训练提高（Hulsheger et al.，2015；Roche et al.，2014）。Grandy 和 Holton（2013）认为，正念练习在领导力开发方面对领导效能有潜在贡献。此观点也得到 Karssiens 等（2014）的支持，他们认为，通过感官、身体和呼吸的自我觉知，正念有助于领导的有效性。最后，基于领导与下属正念交互对领导力的正向作用，企业可以在团队建设中考虑领导与下属之间特质正念的匹配，以促进团队效能。

第二，本书有助于组织管理者明确正念用于领导力开发的具体形式与路径。例如，可以将正念训练用于真实型领导开发。以往的研究已经发现，正念可以促进个体真实功能（Leory et al.，2013），有几篇文章也建议应用正念训练来开发真实型领导力（Baron，2016；Kinsler，2014；Reb et al.，2014）。本书研究发现，当领导者具有高正念时，更可能促进下属对其真实性的感知，因而通过培养开发领导者的正念状态，改善领导者自我觉知和自我调节功能，使领导者更大限度地了解和接纳自我，保持开发性与包容性，从而孕育和培养真实型领导风格。

由于低正念的领导者有更少的自我控制能力，也更可能发生对下属的辱虐管理，组织也可以将正念训练用于领导者减压项目，帮助领导者进行情绪的自我调节，从而尽可能地减少辱虐管理。另外，正念还能帮助下属应对工作场所负面事件（如被领导辱虐）的不良影响，增强自我复原能力。由于正念对LMX关系的正向影响，组织可以通过对领导者和下属进行正念训练，培养同情心和同理心，开发慈悲智慧，从而改善领导者与下属的关系质量。

第三，由于下属正念和领导正念会通过感知的领导行为影响领导—成员关系质量和工作投入，组织应致力于选拔特质正念高的领导者与员工进入组织，或通过正念训练促进LMX关系开发与工作投入。组织可以通过培养领导与下属正念增加下属对其真实型领导的感知，减少下属受到辱虐管理的干扰。本书在中国情境下验证了下属正念对工作投入的正向影响，为管理者通过日常正念训练、引导提升员工正念水平以增强工作投入提供支持。诸多研究已经验证，短期正念训练对于个体行为有显著的影响（Hülsheger et al.，2015），组织可以通过自发和事先安排的方式，鼓励员工在工作场所任何适宜的地方或时间进行正念练习以维持最好的工作状态。组织还可以通过正念训练改善员工对领导力的感知（增加对真实型领导的感知，增进LMX关系质量），以促进工作投入。

第四，基于本书的发现，管理者可以考虑如何通过组织情境提升领导者与下属正念水平以提高领导力效果和工作投入。例如，通过工作设计和物理空间的改善孕育更有正念的工作者。改变当前可能干扰正念存在的疯狂状态（Mazmanian et al.，2013），如组织环境依照禅修中心（Retreat Centers）的文化设计，体现自然、唯美和简约（Natural，Beauty，Simplicity）的风格，帮助员工减压和释放身心。需要注意的是，在组织采取正念训练项目之前，应该仔细考虑正念训练与训练目标相结合。如果目标是开发员工正念水平，可以考虑通过多种技术训练（如MBSR等）帮助员工实现更正念的状态；如果组织目标是通过正念训练提升员工自我调节能力，可以通过自我控制练习来实现（Bono & Judge，2003）。培训内容还应该考虑工作情景，应该与组织的具体目标相匹配。例如，谷歌公司的“寻找内在的自我”项目，其培训目标在于促进员工自主性、创造力和快乐工作的状态。

6.6 研究局限

组织中的正念研究是一个新颖而复杂的课题，正念对领导力及工作投入的影响也存在多种可能的形式。本书在对这一问题的模型构建和实证检验中也存在有待改进的方面，其局限和不足之处主要有以下几点：

第一，本书在论证领导正念的调节效应时，暗含着领导正念能够促进其真实型领导、减少辱虐管理及促进领导—成员关系的假设，由于本书团队层面的样本量有限，没有提供这些假设的直接证据。本书研究的主效应是基于下属视角探讨下属正念通过感知的领导行为对领导—成员关系及工作投入的影响，领导正念作为一个边界条件影响下属对其领导行为和关系的感知，进而促进或妨碍了工作投入。事实上，本书的研究针对团队层面的领导正念与真实型领导的相关性进行了检验，结果发现，领导正念可以作为真实型领导的前因变量，以往的研究已经验证了正念对真实型功能（Authentic Functioning）（Leroy et al.，2013）的作用，但并没有直接测量真实型领导。本书的研究没有验证领导正念对辱虐管理和LMX关系的直接影响，基于这些推论在理论上都有充分的支持，直接验证这一影响效果将为本书的模型提供更为充分的证据。

第二，本书检验了领导和下属特质正念对领导行为、LMX关系及工作投入的交互作用，较为遗憾的是，限于时间和研究条件的关系，本书没有对参与者进行干预研究，因而不能确定进行正念干预是否能取得相同的效果。尽管本书将特质正念定义为一种类特质的概念，即在一定时间内可以改变，这一点也得到诸多实证研究的支持，但如果能在研究设计与检验中同时对特质正念和正念训练的效果进行验证，其结果更为令人信服。因而本书目前的研究结论还需要在工作场所引入正念干预来检验实际效果。此外，由于之前的研究已经发现真实型领导与其他领导行为有一定程度的重叠，如变革型领导、伦理型领导和服务型领导等（Hoch et al.，2016），故本书对于领导行为的验证，没有将其他领导行为作为控制变量以检测所提出的领导行为的净效果。未来的研究中需要加入这些变量进行更为严谨的考察。

第三，本书的研究数据从中国内地的两家公司收集，鉴于不同行业和地区的差异，当前研究的外部效度有限。建议未来的研究能够使用更大的样本在不同的行业或企业检验本书的研究假设。在研究时点设计上，本书收集了两个时点的数据，并将之进行了领导—下属配对编码。限于时间和资源，很遗憾未能收集三个时点的数据，也未能进行有效的追踪研究。例如，对于真实型领导、辱虐管理对领导—成员关系的影响，也可能是正念先影响了 LMX 关系进而促进了对领导行为的感知，为验证因果关系的稳定性，最好针对多个时点进行更为充分的追踪研究设计。

第四，量表有待于进一步完善。由于正念概念本身难以把握（Grossman，2008），正念的测量一直是其在管理领域发展的难题。本书使用的量表 MAAS 是在西方文化背景被广泛使用的量表，也是正念研究的学者们较为推荐和认可的版本，但由于只是在西方情境下开发的量表，且量表本身存在一定的不足（Grossman，2011），主要是维度单一，所以测量更多地关注对当下的注意力和觉知，没有很好地将接纳与注意力进行区分。该量表的反向计分也被认为不能对正念经历进行整体的反映。尽管基于此量表对当前研究的假设检验得到支持，但该量表还不足以反映本书定义的正念的四个内涵。理论上需要开发更为充分反映正念内涵的量表，特别是结合中国情境进行考量，将有助于对正念在工作场所的功效进行更全面的了解和把握。

第五，在实证检验中，对研究变量的测量，本书采取了自我报告的方式，对于下属层面的变量均来自下属自评，尽管本书研究模型的验证性因子分析的结果很理想，但仍然不能完全排除共同方法偏差的影响。由于本书研究问题的特殊性，如对于特质正念的测量，领导者或员工对自己的觉知与注意力频率通常更为了解，因此采用领导和下属自评的方式；对于感知的领导行为、LMX 关系和工作投入通常来自于下属的直接体验，因而更适合于下属直接的自我报告。因为难以避免同源误差的干扰，所以如果采用不同评价来源的变量来检验本书的相应关系，将提高研究的内容效度与可信性。

6.7 未来研究方向

工作场所正念研究作为一个正在发展中的领域，存在广阔的空间（郑晓明、倪丹，待发表）。正念对领导力及工作投入的影响这一主题更是有着多种潜在的可能。在本书研究的基础上，以下几方面是未来研究值得重视的方向。

第一，改进研究设计。本书的结论可以在工作场所中通过对领导者和员工进行正念训练或正念干预来进一步检验。具体可以通过以下三种方式：在组织中应用田野实验研究，包括准实验研究、主动控制干预研究；可以测量参与者干预前后的变化；将实验组与控制组进行比较。需要对参与人员进行随机分组，以减少随机误差的干扰。在干预过程中还需要考虑控制变量的干扰。需要对参与者的态度和个性进行充分的测量，以排除可能的替代性解释。由于组织情境构成正念的前因变量（Reb et al.，2015），也需要控制典型的组织情境（如角色、任务特征、团队氛围）的边界影响。

第二，检验领导正念与下属正念对其他领导风格的交互影响。本书对领导正念与下属正念交互效果的检验可以拓展到其他类型的领导风格。例如，可以考察领导与下属正念对服务型领导感知的交互效果，由于特质正念高的领导者可能给予下属丰富的支持，这与变革型领导的个性化关怀维度紧密相关；可以考察领导与下属正念对变革型领导的交互影响，由于正念引发更多的同情（Dekeyser et al.，2008）与信任（Mayer et al.，1995），可以探索领导与下属正念是否对于谦卑领导行为也存在交互影响。此外，未来研究可以补充本书研究中的不足，直接验证领导正念对真实型领导、辱虐管理和 LMX 关系的影响；还可以探索正念对领导者其他方面的影响，如领导决策或非伦理行为。

第三，检验领导正念与下属正念对工作结果变量的交互影响。本书检验了领导与下属正念对工作投入的影响机制，但并没有进一步验证工作投入这一态度变量如何影响了工作成果。在本书研究的基础上，再加之以往的研究发现了下属正念或领导正念对工作绩效、组织公民行为或创造力等不同结果变量的影响（Reb et al., 2014)，未来研究可以考虑检验领导与下属正念是否对这些结果存在交互作用，同样可以探讨具体领导风格或 LMX 关系是否可以作为这些影响的中介机制。此外，在进行结果变量的考察中，还需要注意正念可能产生的双面影响。如已有研究提出，正念对不良行为（如辱虐管理）的容忍是否被动地默许了不健康行为从而妨碍了工作场所的健康成长（Good et al., 2016）等。未来的研究可以对此进行深入考察。

第四，改进量表以及测量方式，推进和完善正念的本土化内涵。鉴于当前 MAAS 量表存在一定的局限性，建议未来研究可以考虑开发更适用于工作场所的正念测量量表。还可以考虑开发领导者与员工互评的正念量表，来避免自我报告的共同方法偏差问题。也可以考虑自我报告以外的其他方式多重验证检验参与者的正念水平，如设计一个实验任务，结合语言为基础的测量（Bishop et al., 2004)，通过图片、声音的考察，使用面试数据（Grossman, 2008)，采用定性与定量方法相结合的方式等。此外，对于正念量表的开发需要结合正念内涵重新界定。Weick 和 Putnam（2006）认为，正念作为一个概念在东方和西方是有区别的。东方的正念更多注重思维的内在过程，而不是思维的内容，而西方的正念意味着注重思维的外在和思维的内容。未来的研究需要考虑这些差异，在中国本土开展更多的质性研究，对正念的内涵进行深入挖掘，在此基础上开发适合中国情境的量表。

第五，在东方文化背景下，开展更多的本土化研究。正念的概念源自东方、发展于西方，被西方发展整合后的正念是否适用于中国情境，需要更多的研究验证。未来可以结合中国文化情境，对正念对领导力和工作态度与结果的特定影响进行检验。例如，可以检验领导正念与下属正念对家长式领导的交互作用或单独影响；可以检验“关系”和“面子”是否影响了正念具体发挥作用的过程；奉行“中庸之道”价值观的领导者可能促进还是可能妨碍领导者的正念水平或正念训练效果。对这些主题的探索可以使研究更接地气，引发更多来自本土实践领域对正念的关注。

附　录

附录1　员工调查问卷的变量及题目

尊敬的先生/女士：

感谢您参与本次由中国人民大学进行的研究项目（研究号：T3L_　　　）。此项研究对于提升领导力水平和员工绩效有重要的理论和实践意义。填写这份问卷大约需要20分钟。对以下问卷中的题目，请您仔细阅读。问卷的填答无对错之分，请根据实际情况作答。您的回答是严格保密的。您填写的材料，只会由研究人员经手，不会外传给任何人，包括您的上司、同事和下属。所有结果都是以汇总报告的方式来呈现，我们郑重承诺不会披露您的任何个人信息。

对于您的支持和帮助，我们深表谢意！

第一部分　基本问卷

以下是一系列关于您日常经历的陈述。请注明您一般多频繁发生每一个经历，请根据您的实际经历，在右侧栏中圈出相应的数字。（员工正念） 1 = 几乎从不；2 = 很不频繁；3 = 有点不频繁；4 = 有点频繁；5 = 很频繁；6 = 几乎总是	几乎从不	很不频繁	有点不频繁	有点频繁	很频繁	几乎总是
1. 我可能会在不知不觉情况下体验着某些情绪，直到后来才知道	1	2	3	4	5	6
2. 我会因为粗心、分神或者开小差而打破/打翻东西	1	2	3	4	5	6
3. 我发现我很难把注意力集中在现在发生的事情上	1	2	3	4	5	6

续表

以下是一系列关于您日常经历的陈述。请注明您一般多频繁发生每一个经历，请根据您的实际经历，在右侧栏中圈出相应的数字。（员工正念） 1＝几乎从不；2＝很不频繁；3＝有点不频繁；4＝有点频繁；5＝很频繁；6＝几乎总是	几乎从不	很不频繁	有点不频繁	有点频繁	很频繁	几乎总是
4. 我通常会快步行走去目的地，而不会注意到途中的经历	1	2	3	4	5	6
5. 我通常不会注意到身体上的绷紧或不适感，除非真的很不舒服	1	2	3	4	5	6
6. 我几乎立刻便会忘掉别人第一次告知我的姓名	1	2	3	4	5	6
7. 我的行动通常都像是不自觉进行似的	1	2	3	4	5	6
8. 我的活动通常都是匆匆忙忙、漫不经心的	1	2	3	4	5	6
9. 我会因太过专注于想完成的目标，而忘记自己正在做些什么来完成这个目标	1	2	3	4	5	6
10. 我会不自觉地做着手上的工作，都没有意识到自己在做什么	1	2	3	4	5	6
11. 我发现自己一边在听着别人说话，一边在做其他事情	1	2	3	4	5	6
12. 我出门自动走到某个地方，然后疑惑为什么要去那里	1	2	3	4	5	6
13. 我的思绪通常被过去或将来的事情占据	1	2	3	4	5	6
14. 我发现自己漫不经心地做着事情	1	2	3	4	5	6
15. 我吃零食的时候没有意识到自己在吃东西	1	2	3	4	5	6
下面这些陈述是关于您的领导（直接主管）日常行为的陈述，请问这些描述在多大程度上符合他（她）的实际情况，在右侧栏中圈出相应的数字。（真实型领导）1＝非常不符合；2＝不符合；3＝有点不符合；4＝有点符合；5＝符合；6＝非常符合 我的领导（直接主管）……	非常不符合	不符合	有点不符合	有点符合	符合	非常符合
1. 他/她很清楚自己喜欢什么或不喜欢什么	1	2	3	4	5	6
2. 他/她直截了当地表达观点	1	2	3	4	5	6
3. 他/她言行一致	1	2	3	4	5	6
4. 他/她征集那些挑战自己基本立场的不同观点	1	2	3	4	5	6
5. 他/她能洞察别人如何看待他/她的工作能力	1	2	3	4	5	6
6. 他/她与他人分享自己的感受	1	2	3	4	5	6
7. 他/她根据自己的核心价值观做决策	1	2	3	4	5	6
8. 得出结论之前，他/她认真听取不同的观点	1	2	3	4	5	6
9. 他/她清楚自己的优势和劣势	1	2	3	4	5	6
10. 他/她公开地与他人分享信息	1	2	3	4	5	6
11. 他/她能抵挡得住压力，绝不做违背自己价值观的事	1	2	3	4	5	6

续表

下面这些陈述是关于您的领导（直接主管）日常行为的陈述，请问这些描述在多大程度上符合他（她）的实际情况，在右侧栏中圈出相应的数字。（真实型领导）1 = 非常不符合；2 = 不符合；3 = 有点不符合；4 = 有点符合；5 = 符合；6 = 非常符合 我的领导（直接主管）……	非常不符合	不符合	有点不符合	有点符合	符合	非常符合
12. 做出决策之前，他/她客观地分析所有相关信息	1	2	3	4	5	6
13. 他/她清楚地了解自己对他人产生的影响	1	2	3	4	5	6
14. 他/她清楚地向他人表达他/她的意见和想法	1	2	3	4	5	6
15. 他/她用内在的道德标准指引自己的行动	1	2	3	4	5	6
16. 他/她鼓励他人说出自己的不同观点	1	2	3	4	5	6

下列题项反映您与领导（直接主管）之间的关系，请问这些描述在多大程度上符合实际情况，在右侧栏中圈出相应的数字。 1 = 非常不符合；2 = 不符合；3 = 有点不符合；4 = 有点符合；5 = 符合；6 = 非常符合（LMX）	非常不符合	不符合	有点不符合	有点符合	符合	非常符合
1. 一般来说，我很清楚他/她是否满意我的工作表现	1	2	3	4	5	6
2. 我觉得他/她对我工作上的问题及需要了解得很多	1	2	3	4	5	6
3. 我觉得他/她对我的潜力知道很多	1	2	3	4	5	6
4. 他/她会运用他/她的职权来帮我解决我工作上重大的难题	1	2	3	4	5	6
5. 他/她会牺牲他/她自己的利益来帮助我摆脱工作上的困境	1	2	3	4	5	6
6. 我很信任他/她，即使他/她不在场，我仍会替他/她所作出的决策进行辩护和解释	1	2	3	4	5	6
7. 我和他/她的工作关系很好	1	2	3	4	5	6

以下9个陈述是关于您在工作中的感受。请仔细阅读每个陈述，圈出您认为最能代表您实际状况的描述。 1 = 非常不符合；2 = 不符合；3 = 有点不符合；4 = 有点符合；5 = 符合；6 = 非常符合（工作投入）	非常不符合	不符合	有点不符合	有点符合	符合	非常符合
1. 我在上班的时候觉得精力充沛	1	2	3	4	5	6
2. 上班的时候，我觉得状态良好，很有活力	1	2	3	4	5	6
3. 我对我的工作充满热情	1	2	3	4	5	6
4. 我的工作鼓舞了我	1	2	3	4	5	6
5. 我早上起床的时候就觉得想去上班	1	2	3	4	5	6
6. 当我很忙碌地工作时我觉得很高兴	1	2	3	4	5	6
7. 我对我的工作很自豪	1	2	3	4	5	6
8. 我对我的工作很投入	1	2	3	4	5	6
9. 当我在工作的时候，我会全情投入	1	2	3	4	5	6

续表

下面这些陈述是关于您的领导（直接主管）日常行为的陈述，请问这些描述在多大程度上符合他（她）的实际情况，在右侧栏中圈出相应的数字。 1 = 非常不符合；2 = 不符合；3 = 有点不符合；4 = 有点符合；5 = 符合；6 = 非常符合	非常不符合	不符合	有点不符合	有点符合	符合	非常符合
1. 我的主管告诉我，我的想法或感觉是愚蠢的	1	2	3	4	5	6
2. 在他人面前贬低我	1	2	3	4	5	6
3. 我的主管向别人发表对我的负面评论	1	2	3	4	5	6
4. 我的主管认为我做非常费力的活儿是应该的	1	2	3	4	5	6
5. 我的主管责怪我以免除自己的尴尬	1	2	3	4	5	6

第二部分　基本信息

该部分信息只用于研究目的，且严格保密，我们不会与第三方分享任何个人信息。请您如实填写，不要漏填。

1. 年龄：____________

2. 性别：□男　　□女

3. 教育程度：□初中　□高中或中专　□大专　□大学　□硕士　□博士

4. 您的岗位名称是：____________

5. 您的专业背景是：

□自然科学（如数学、生物、医药、物理、化学等）

□工程技术科学（如计算机、电子、能源、建筑、环境科学等）

□社会科学（如心理学、社会学、管理学、金融学、新闻学等）

□人文科学（如历史、哲学、语言、文学、宗教、艺术等）

□不分专业

6. 您在目前公司任职时间至今有：______年______（个）月

7. 您在目前团队担任主管一职的时间至今有：______年______（个）月

非常感谢您的认真填写！

请您对上述问题进行核实，确保没有漏填后，再交给研究人员。

感谢您的大力支持与帮助！祝您生活愉快，工作顺利！

附录2 领导调查问卷的变量及题目

尊敬的先生/女士：

感谢您参与本次由中国人民大学进行的研究项目（研究号：T3L_　　　　）。此项研究对于提升领导力水平和员工绩效有重要的理论和实践意义。填写这份问卷大约需要20分钟。对以下问卷中的题目，请您仔细阅读。问卷的填答无对错之分，请您根据实际情况作答。您的回答是严格保密的。您填写的材料，只会由研究人员经手，不会外传给任何人，包括您的上司、同事和下属。所有结果都是以汇总报告的方式来呈现，我们郑重承诺不会披露您的任何个人信息。

对于您的支持和帮助，我们深表谢意！

第一部分　基本问卷

以下是一系列关于您日常经历的陈述。请注明您一般多频繁发生每一个经历，请根据您的实际经历，在右侧栏中圈出相应的数字。（领导正念）1 = 几乎从不；2 = 很不频繁；3 = 有点不频繁；4 = 有点频繁；5 = 很频繁；6 = 几乎总是	几乎从不	很不频繁	有点不频繁	有点频繁	很频繁	几乎总是
1. 我可能会在不知不觉情况下体验着某些情绪，直到后来才知道	1	2	3	4	5	6
2. 我会因为粗心、分神，或者开小差而打破/打翻东西	1	2	3	4	5	6
3. 我发现我很难把注意力集中在现在发生的事情上	1	2	3	4	5	6
4. 我通常会快步行走去目的地，而不会注意到途中的经历	1	2	3	4	5	6
5. 我通常不会注意到身体上的绷紧或不适感，除非真的很不舒服	1	2	3	4	5	6
6. 我几乎立刻便会忘掉别人第一次告知我的姓名	1	2	3	4	5	6
7. 我的行动通常都像是不自觉进行似的	1	2	3	4	5	6
8. 我的活动通常都是匆匆忙忙、漫不经心的	1	2	3	4	5	6
9. 我会因太过专注于想完成的目标，而忘记自己正在做些什么来完成这个目标	1	2	3	4	5	6

续表

以下是一系列关于您日常经历的陈述。请注明您一般多频繁发生每一个经历，请根据您的实际经历，在右侧栏中圈出相应的数字。（领导正念）1 = 几乎从不；2 = 很不频繁；3 = 有点不频繁；4 = 有点频繁；5 = 很频繁；6 = 几乎总是	几乎从不	很不频繁	有点不频繁	有点频繁	很频繁	几乎总是
10. 我会不自觉地做着手上的工作，都没有意识到自己在做什么	1	2	3	4	5	6
11. 我发现自己一边在听着别人说话，一边在做其他事情	1	2	3	4	5	6
12. 我出门自动走到某个地方，然后疑惑为什么要去那里	1	2	3	4	5	6
13. 我的思绪通常被过去或将来的事情占据	1	2	3	4	5	6
14. 我发现自己漫不经心地做着事情	1	2	3	4	5	6
15. 我吃零食的时候没有意识到自己在吃东西	1	2	3	4	5	6

第二部分　基本信息

该部分信息只用于研究目的，且严格保密。我们不会与第三方分享任何个人信息。请您如实填写，不要漏填。

1. 年龄：____________

2. 性别：□男　　□女

3. 教育程度：□初中　□高中或中专　□大专　□大学　□硕士　□博士

4. 您的岗位名称是：____________

5. 您的专业背景是：

□自然科学（如数学、生物、医药、物理、化学等）

□工程技术科学（如计算机、电子、能源、建筑、环境科学等）

□社会科学（如心理学、社会学、管理学、金融学、新闻学等）

□人文科学（如历史、哲学、语言、文学、宗教、艺术等）

□不分专业

6. 您在目前公司任职时间至今有：______年______（个）月

7. 您在目前团队担任主管一职的时间至今有：______年______（个）月

非常感谢您的认真填写！

请您对上述问题进行核实，确保没有漏填后，再交给研究人员。

感谢您的大力支持与帮助！祝您生活愉快，工作顺利！

参考文献

[1] 韩玉兰．中国情境下的意义建构：中层管理者的管理觉知及其影响［D］. 北京大学博士学位论文，2010.

[2] 李爱梅，华涛，高文．辱虐管理研究的“特征—过程—结果”理论框架［J］. 心理科学进展，2013，21（11）：1901－1912.

[3] 刘兴华，孟长治，陈文君. 大学生觉知与自我概念、应对方式关系的研究［J］. 中国健康心理学杂志，2011，19（1）：98－101.

[4] 卢会志，刘永芳，许科．内隐领导理论：认知革命在领导研究领域的新拓展［J］. 心理科学，2008，31（1）：242－244.

[5] 毛江华，廖建桥，韩翼，刘文兴. 谦逊领导的影响机制和效应：一个人际关系视角［J］. 心理学报，2017，49（9）：1219－1233.

[6] 苗元江，汪静莹．积极心理学领域中的正念研究［J］. 心理咨询师，2013（8）：13－17.

[7] 乔恩·卡巴金．多舛的生命（第二版）［M］. 童慧琦，高旭滨译．北京：机械工业出版社，2018.

[8] 吴九君，郑日昌．心智觉知干预述评［J］. 中国心理卫生杂志，2008，22（2）：148－151.

[9] 张静，宋继文，王悦．工作场所正念：研究述评与展望［J］. 外国经济与管理，2017，39（8）：56－70.

[10] 张静，宋继文，王悦．关系视角下工作绩效如何影响领导辱虐行为——一个有调节的中介模型［J］. 中国人力资源开发，2017（9）：22－33.

[11] 张志学，施俊琦，刘军．组织行为与领导力研究的进展与前沿［J］. 心理科学进展，2016，24（3）：317－326.

［12］张韬．组织学习类型的整合与模型构建：基于正念影响的研究［J］．贵阳学院学报（社会科学版），2015，10（4）：66－71.

［13］张韬．正念思维对员工创造力的影响——以自我效能感为中介［J］．科技进步与对策，2016，33（7）：150－155.

［14］赵延昇，於学松．员工正念与人际公民行为的关系研究——同事信任的中介作用及工作关联性的调节作用［J］．北京航空航天大学学报（社会科学版），2016，29（2）：83－90.

［15］郑晓明，倪丹，刘鑫．正念对工作—家庭增益的影响：工作投入的中介作用和表层扮演的调节作用．工作论文，2017.

［16］郑晓明，倪丹．组织管理中正念研究述评［J］．管理评论，2017（已录用待发表）.

［17］Allen，T. D.，Kiburz，K. M. Trait Mindfulness and Work－family Balance among Working Parents：The Mediating Effects of Vitality and Sleep Quality［J］. *Journal of Vocational Behavior*，2012，80（2）：372－379.

［18］Allen，M.，Dietz，M.，Blair，K. S.，Van Beek，M.，Rees，G.，Vestergaard－Poulsen，P.，Lutz，A.，Roepstorff，A. Cognitive－affective Neural Plasticity Following Active－controlled Mindfulness Intervention［J］. *The Journal of Neuroscience*，2012，32（44）：15601－15610.

［19］Allen，T. D.，Henderson，T. G.，Mancini，V. S.，French，K. A. Mindfulness and Meditation Practice as Moderators of the Relationship between Age and Subjective Wellbeing among Working Adults［J］. *Mindfulness*，2017，8（4）：1055－1063.

［20］Agarwal，R.，Karahanna，E. Time Flies When you're Having Fun：Cognitive Absorption and Beliefs about Information Technology Usage［J］. *MIS Quarterly*，2000，24（4）：665－694.

［21］Antonakis，J.，Day，D.，V.，Schyns，B. Leadership and Individual Differences：At the Cusp of a Renaissance［J］. *Leadership Quarterly*，2012，23（4）：643－650.

［22］Arch，J. J.，Craske，M. G. Laboratory Stressors in Clinically Anxious and non－anxious Individuals：The Moderating Role of Mindfulness［J］. *Behavior Research and Therapy*, 2010, 48 (6): 495 - 505.

[23] Aryee, S., Chen, Z. X., Sun, L. Y., Debrah, Y. A. Antecedents and Outcomes of Abusive Supervision: Test of a Trickle - down Model [J]. *Journal of Applied Psychology*, 2007, 92 (1): 191 - 201.

[24] Ashford, S. J., Tsui, A. S. Self - regulation for Managerial Effectiveness: The Role of Active Feedback Seeking [J]. *Academy of Management Journal*, 1991, 34 (2): 251 - 280.

[25] Atwater, L. E., Yammarino, F. J. Does Self - other Agreement on Leadership Perceptions Moderate the Validity of Leadership and Performance Predictions [J]. *Personnel Psychology*, 1992, 45 (1): 141 - 164.

[26] Avolio, B. J., Luthans, F., Walumba, F. O. Authentic Leadership: Theory Building for Veritable Sustained Performance [N]. *Working Paper*: *Gallup Leadership Institute*, *University of Nebraska - Lincoln*, 2004.

[27] Avolio, B. J., Gardner, W. L., Walumbwa, F. O., Luthans, F., May, D. R. Unlocking the mask: A Look at the Process by Which Authentic Leaders Impact Follower Attitudes and Behaviors [J]. *Leadership Quarterly*, 2004, 15 (6): 801 - 823.

[28] Avolio, B. J. Promoting More Integrative Strategies for Leadership Theory - building [J]. *American Psychologist*, 2007, 62 (1): 25 - 33.

[29] Baas, M., Nevicka, B., Ten Velden, F. S. Specific Mindfulness Skills Differentially Predict Creative Performance [J]. *Personality and Social Psychology Bulletin*, 2014, 40 (9): 1092 - 1106.

[30] Baron, L. Authentic Leadership and Mindfulness Development through Action Learning [J]. *Journal of Managerial Psychology*, 2016, 31 (1): 296 - 311.

[31] Baer, R. A. Mindfulness Training as a Clinical Intervention: A Conceptual and Empirical Review [J]. *Clinical Psychology*: *Science and Practice*, 2003, 10 (2): 125 - 143.

[32] Baer, R. A., Smith, G. T., Allen, K. B. Assessment of Mindfulness by self - report: The Kentucky Inventory of Mindfulness Skills [J]. *Assessment*, 2004, 11 (3): 191 - 206.

[33] Baer, R. A., Smith, G. T., Hopkins, J., Krietemeyer, J., Toney, L. Using Self – report Assessment Methods to Explore Facets of Mindfulness [J]. *Assessment*, 2006, 13 (1): 27 –45.

[34] Baer, R. A., Walsh, E., Lykins, E. L. Assessment of Mindfulness. In F. Didonna (Eds.) [M]. New York: Clinical Handbook of Mindfulness, 2009: 153 – 168.

[35] Baltes, P. B., Staudinger, U. M. Wisdom: A Metaheuristic (Pragmatic) to Orchastrate Mind and Virtue toward Excellence [J]. *American Psychologist*, 2000, 55 (1): 122 – 136.

[36] Bargh, J. A., Chartrand, T. L. The Unbearable Automaticity of Being [J]. *American Psychologist*, 1999, 54 (7): 462 –479.

[37] Baron, L. Authentic Leadership and Mindfulness Development through Action Learning [J]. *Journal of Managerial Psychology*, 2016, 31 (1): 296 –311.

[38] Barnes, S., Brown, K. W., Krusemark, E., Campbell, W. K., Rogge, R. D. The Role of Mindfulness in Romantic Relationship Satisfaction and Responses to Relationship Stress [J]. *Journal of Marital and Family Therapy*, 2007, 33 (4): 482 –500.

[39] Barnes, A. K., Balda, J. C., Escobar – Mejía, A. A Semi – Markov model for Control of Energy Storage in Utility Grids and Microgrids with Pv generation [J]. *IEEE Transactions on Sustainable Energy*, 2015, 6 (2): 546 –556.

[40] Basu, R. An Empirical Examination of Leader – member Exchange and Transformational Leadership as Predictors of Innovation Behavior [D]. *Unpublished Ph. D. dissertation*, *Department of Management*, *Purdue University*, 1991.

[41] Bauer, D. J., Preacher, K. J., Gil, K. M. Conceptualizing and Testing Random Indirect Effects and Moderated Mediation in Multilevel Models: New Procedures and Recommendations [J]. *Psychology Methods*, 2006, 11 (2): 142 – 163.

[42] Bazerman, M. H. Judgment in Managerial Decision Making (6th Eds.) [M]. Hoboken, NJ: Wiley, 2006.

[43] Bazerman, M. H. *The Power of Noticing* [M]. New York: Simon Schuster, 2014.

[44] Beach, M. C., Roter, D., Korthuis, P. T., Epstein, R. M., Sharp,

V., Ratana Wongsa, N., et al. A Multicenter Study of Physician Mindfulness and Health Care Quality [J]. *The Annals of Family Medicine*, 2013, 11 (6): 421-428.

[45] Beckman, H. B., Wendland, M., Mooney, C., Krasner, M. S., Quill, T. E., Suchman, A. L., Epstein, R. M. The Impact of a Program in Mindful Communication on Primary Care Physicians [J]. *Academic Medicine*, 2012, 87 (6): 815-819.

[46] Bennis, W. The Challenges of Leadership in the Modern World: Introduction to the Special Issue [J]. *The American Psychologist*, 2007, 62 (1): 2-5.

[47] Bergomi, C., Tschacher, W., Kupper, Z. The Assessment of Mindfulness with Self-report Measures: Existing Scales and Open Issues [J]. *Mindfulness*, 2013, 4 (3): 191-202.

[48] Bishop, S. R., Lau, M., Shapiro, S., Carlson, L., Anderson, N. D., Carmody, J., Velting, D. Mindfulness: A Proposed Operational Definition [J]. *Clinical Psychology: Science and Practice*, 2004, 11 (3): 230-241.

[49] Bliese, P. D., Hanges, P. J. Being both too Liberal and Too Conservative: The Perils of Treating Grouped Data as though They Were Independent [J]. *Organizational Research Methods*, 2004, 7 (4): 400-417.

[50] Block-Lerner, J., Adair, C., Plumb, J. C., Rhatigan, D. L., Orsillo, S. M. The Case for Mindfulness-based Approaches in the Cultivation of Empathy: Does Nonjudgmental, Present-moment Awareness Increase Capacity for Perspective-taking and Empathic Concern [J]. *Journal of Marital and Family Therapy*, 2007, 33 (4): 501-516.

[51] Blomme, R. J., Kodden, B., Beasley-Suffolk, A. Leadership Theories and the Concept of Work Engagement: Creating a Conceptual Framework for Management Implications and Research [J]. *Journal of Management & Organization*, 2015, 21 (2): 125-144.

[52] Bono, J. E., Judge T. A. Self-concordance at Work: Toward Understanding the Motivational Effects of Transformational Leaders [J]. *Academy of Management*

Journal, 2003, 46 (5): 554 -571.

[53] Bono, J. E., Judge, T. A. Personality and Transformational and Transactional Leadership: A Meta - Analysis [J]. *The Journal of Applied Psychology*, 2004, 89 (5): 901 -910.

[54] Bono, J. E., Hooper, A. C., Yoon, D. J. Impact of Rater Personality on Transformational and Transactional Leadership Ratings [J]. *Leadership Quarterly*, 2012, 23 (1): 132 -145.

[55] Bolino, M. C., Turnley, W. H. Relative Deprivation among Employees in Lower - quality Leader - member Exchange Relationships [J]. *Leadership Quarterly*, 2009, 20 (3): 276 -286.

[56] Borkovec, T. D. Life in the Future Versus Life in the Present [J]. *Clinical Psychology Science & Practice*, 2002, 9 (1): 76 -80.

[57] Brendel, W., Hankerson, S., Byun, S., Cunningham, B. Cultivating Leadership Dharma: Measuring the Impact of Regular Mindfulness Practice on Creativity, Resilience, Tolerance for Ambiguity, Anxiety and Stress [J]. *Journal of Management Development*, 2016, 35 (8): 1056 -1078.

[58] Brewer, J. A., Worhunsky, P. D., Gray, J. R., Tang, Y. -Y., Weber, J., Kober, H. Meditation Experience is Associated with Differences in Default Mode Network Activity and Connectivity [J]. *Proceedings of the National Academy of Sciences*, 2011, 108 (50): 20254 -20259.

[59] Breevaart, K., de Vries, R. E. Supervisor's HEXACO Personality Traits and Subordinate Perceptions of Abusive Supervision [J]. *Leadership Quarterly*, 2017, 28 (5): 691 -700.

[60] Brislin, R. W. Translation and Content Analysis of Oral and Written Material. In H. C. Triandis & J. W. Berry (Eds.), Handbook of Cross Cultural Psychology [M]. Boston: Allyn and Bacon, 1980: 398 -444.

[61] Brower, H. H., Schoorman, F. D., Tan, H. H. A Model of Relational Leadership: The Integration of Trust and Leader - member Exchange [J]. *Leadership Quarterly*, 2000, 11 (2): 227 -250.

[62] Brown, D. J., Lord, R. G. Leadership and Perceiver Cognition: Moving Beyond First Order Constructs [J]. *How People Evaluate Others in Organizations*, 2001: 181 –202.

[63] Brown, K. W., Ryan, R. M. The Benefits of Being Present: Mindfulness and Its Role in Psychological Wellbeing [J]. *Journal of Personality and Social Psychology*, 2003, 84 (4): 822 –848.

[64] Brown, K. W., Ryan, R. M. Perils and Promises in Defining and Measuring Mindfulness: Observations from Experience [J]. *Journal of Clinical Psychology, Science and Practice*, 2004, 11 (3): 242 –248.

[65] Brown, K. W., Ryan, R. M., Creswell, J. D. Mindfulness: Theoretical Foundations and Evidence for Its Salutary Effects [J]. *Psychological Inquiry*, 2007, 18 (14): 211 –237.

[66] Brown, K. W., Cordon, S. Toward a Phenomenology of Mindfulness: Subjective Experience and Emotional Correlates. In: F. Didonna (Eds.), Clinical Handbook of Mindfulness [M]. New York: Springer, 2009: 59 –81.

[67] Brown, K. W., Goodman, R. J., Inzlicht, M. Dispositional Mindfulness and the Attenuation of Neural Responses to Emotional Stimuli [J]. *Social Cognitive and Affective Neuroscience*, 2012, 8 (1): 93 –99.

[68] Brown, K. W., Weinstein, N., Creswell, J. D. Trait Mindfulness Modulates Neuroendocrine and Affective Responses to Social Evaluative Threat [J]. *Psychoneuroendocrinology*, 2012, 37 (12): 2037 –2041.

[69] Bryk, A. S., Raudenbush, S. W. Hierarchical Linear Models: Applications and Data Analysis Methods – institute for Social and Economic Research (iser) [J]. *Publications of the American Statistical Association*, 1992, 98 (463): 767 –768.

[70] Byrne, D. The Repression – sensitization Scale: Rationale, Reliability, and Validity [J]. *Journal of Personality*, 1961, 29 (3): 334 –349.

[71] Buch, R., Martinsen, O. L., Kuvaas, B. The Destructiveness of Laissez – faire Leadership Behavior: The Mediating Role of Economic Leader – member Exchange Relationships [J]. *Journal of Leadership & Organizational Studies*, 2015, 22 (1):

115 – 124.

[72] Buchheld, N., Grossman, P., Walach, H. Measuring Mindfulness in Insight Meditation (Vipassana) and Meditation – based Psychotherapy: The Development of the Freiburg Mindfulness Inventory (FMI) [J]. *Journal for Meditation and Meditation Research*, 2001, 11 (3): 220 – 225.

[73] Cahn, B. R., Polich, J. Meditation States and Traits [J]. *Psychological Bulletin*, 2006, 132 (2): 180 – 211.

[74] Cardaciotto, L., Herbert, J. D., Forman, E. M., Moitra, E., Farrow, V. The Assessment of Present – moment Awareness and Acceptance: The Philadelphia Mindfulness Scale [J]. *Assessment*, 2008, 15 (2): 204 – 223.

[75] Carmody, J. Evolving Conceptions of Mindfulness in Clinical Settings [J]. *Journal of Cognitive Psychotherapy*, 2009, 23 (3): 270 – 280.

[76] Carsten, M. K., Uhl – Bien, M., West, B. J., Patera, J. L., McGregor, R. Exploring Social Constructs of Followership: A Qualitative Study [J]. *Leadership Quarterly*, 2010, 21 (3): 543 – 562.

[77] Carson, S. H., Langer, E. J. Mindfulness and Self – acceptance [J]. *Journal of Rational – Emotive and Cognitive – Behavior Therapy*, 2006, 24 (1): 29 – 43.

[78] Carver, C. S., Scheier, M. F. Self – regulation of Action and Affect. In K. D. Vohs R. F. Baumeister (Eds.), Handbook of self – regulation: Research, Theory, and Applications (2nd ed.) [M]. New York, NY: Guilford Press, 2004.

[79] Caspi, A., Herbener, E. S. Continuity and Change: Assortative Marriage and the Consistency of Personality in Adulthood [J]. *Journal of Personality and Social Psychology*, 1990, 58 (2): 250 – 258.

[80] Chadwick, P., Hember, M., Symes, J., Peters, E., Kuipers, E., Dagnan, D. Responding Mindfully to Unpleasant Thoughts and Images: Reliability and Validity of the Southampton Mindfulness Questionnaire (SMQ) [J]. *British Journal of Clinical Psychology*, 2008, 47 (4): 451 – 455.

[81] Chan, M. E., McAllister, D. J. Abusive Supervision through the Lens of Employee State Paranoia [J]. *Academy of Management Review*, 2014, 39 (1): 44 – 66.

[82] Chesley, J., Wylson, A. Ambiguity: The Emerging Impact of Mindfulness for Change Leaders [J]. *Journal of Change Management*, 2016, 16 (4): 317 - 336.

[83] Chiesa, A., Serretti, A. A Systematic Review of Neurobiological and Clinical Features of Mindfulness Meditations [J]. *Psychological Medicine: A Journal of Research in Psychiatry and the Allied Sciences*, 2010, 25 (8): 1239 - 1252.

[84] Cleirigh, D. O., Greaney, J. Mindfulness and Group Performance: An Exploratory Investigation into the Effects of Brief Mindfulness Intervention on Group Task Performance [J]. *Mindfulness*, 2015, 6 (3): 601 - 609.

[85] Colbert, A. E., Bono, J. E., Purvanova, R. K. Flourishing Via Workplace Relationships: Moving Beyond Instrumental Support [J]. *Academy of Management Journal*, 2016, 59 (4): 1199 - 1223.

[86] Collins, S. E., Chawla, N., Hsu, S. H., Grow, J., Otto, J. M., Marlatt, G. A. Language - based Measures of Mindfulness: Initial Validity and Clinical Utility [J]. *Psychology of Addictive Behaviors*, 2009, 23 (4): 743 - 749.

[87] Collinson, D. Rethinking Followership: A Post - structuralist Analysis of Follower Identities [J]. *Leadership Quarterly*, 2006, 17 (2): 179 - 189.

[88] Colzato, L. S., Szapora, A., Hommel, B. Meditate to Create: The Impact of Focused - attention and Open - monitoring Training on Convergent and Divergent Thinking [J]. *Frontiers in Psychology*, 2012, 3 (1): 116 - 121.

[89] Condon, P., Desbordes, G., Miller, W. B., De Steno, D. Meditation Increases Compassionate Responses to Suffering [J]. *Psychological Science*, 2013, 24 (10): 2125 - 2127.

[90] Coffey, K. A., Hartman, M. Mechanisms of Action in the Inverse Relationship between Mindfulness and Psychological Distress [J]. *Complementary Health Practice Review*, 2008, 13 (2): 79 - 91.

[91] Crisp, R. J., Turner, R. N. Have Confidence in Contact [J]. *American Psychologist*, 2010, 65 (2): 133 - 135.

[92] Csikszentmihalyi, M. Flow: The Psychology of Optimal Experience [M].

New York: Harper & Row, 1990.

[93] Dane, E. Paying Attention to Mindfulness and Its Effects on Task Performance in the Workplace [J]. *Journal of Management*, 2011, 37 (4): 997 – 1018.

[94] Dane, E. Things Seen and Unseen: Investigating Experience – based Qualities of Attention in a Dynamic Work Setting [J]. *Organization Studies*, 2013, 34 (1): 45 – 78.

[95] Dane, E., Brummel, B. J. Examining Workplace Mindfulness and Its Relations to Job Performance and Turnover Intention [J]. *Human Relations*, 2014, 67 (1): 105 – 128.

[96] Davids, T. W., Stede, W. The Pali Text Society's Pali – English Dictionary [M]. London: Luzac & Company, Ltd., 1959.

[97] Davidson, R. J. Affective Style, Psychopathology, and Resilience: Brain Mechanisms and Plasticity [J]. *American Psychologist*, 2000, 55 (11): 1196 – 1214.

[98] Davidson, R. J., Kabat – Zinn, J., Schumacher, J., Rosenkranz, M., Muller, D., Santorelli, S. F., et al. Alterations in Brain and Immune Function Produced by Mindfulness Meditation [J]. *Psychosomatic Medicine*, 2003, 65 (4): 564 – 570.

[99] Deci, E. L., Ryan, R. M. Self – determination Theory: When Mind Mediates Behavior [J]. *The Journal of Mind and Behavior*, 1980, 1 (1): 33 – 43.

[100] Deci, E. L., Ryan, R. M. The General Causality Orientations Scale: Self – determination in Personality [J]. *Journal of Research in Personality*, 1985, 19 (2): 109 – 134.

[101] Deci, E. L., Ryan, R. M. The "What" and "Why" of Goal Pursuits: Human Needs and the Self – determination of Behavior [J]. *Psychological Inquiry*, 2000, 11 (4): 227 – 268.

[102] Deci, E. L., Ryan, R. M., Gagné, M., Leone, D. R., Usunov, J., Kornazheva, B. P. Need Satisfaction, Motivation, and Well – being in the Work Organizations of a Former Eastern Bloc Country: A Cross – cultural Study of Self – determination

[J]. *Personality & Social Psychology Bulletin*, 2001, 27 (8): 930 – 942.

[103] Deci, E. L., Ryan, R. M. Self – determination Theory: A Macrotheory of Human Motivation, Development, and Health [J]. *Canadian Psychology*, 2008, 49 (3): 182 – 185.

[104] Deikman, A. J. The Observing Self [M]. Boston, MA: Beacon Press, 1982.

[105] Dekeyser, M., Raes, F., Leijssen, M., Leysen, S., Dewulf, D. Mindfulness Skills and Interpersonal Behavior [J]. *Personality and Individual Differences*, 2008, 44 (5): 1235 – 1245.

[106] DeRue, D. S., Ashford, S. J. Who Will Lead and Who Will Follow? A Social Process of Leadership Identity Construction in Organizations [J]. *Academy of Management Review*, 2010, 35 (4): 627 – 647.

[107] Desbordes, G., Negi, L. T., Pace, T. W., Wallace, B. A., Raison, C. L., Schwartz, E. L. Effects of Mindful – attention and Compassion Meditation Training on Amygdala Response to Emotional Stimuli in an Ordinary, Non – meditative state [J]. *Frontiers in Human Neuroscience*, 2012, 6 (3): 292 – 307.

[108] Desbordes, G., Gard, T., Hoge, E. A., Hölzel, B. K., Kerr, C., Lazar, S. W., et al. Moving Beyond Mindfulness: Defining Equanimity as an Outcome Measure in Meditation and Contemplative Research [J]. *Mindfulness*, 2015, 6 (2): 356 – 372.

[109] Dinh, J. E., Lord, R. G., Gardner, W. L., Meuser, J. D., Liden, R. C., Hu, J. Leadership Theory and Research in the New Millennium: Current Theoretical Trends and Changing Perspectives [J]. *Leadership Quarterly*, 2014, 25 (1): 36 – 62.

[110] Ding, X., Tang, Y. Y., Cao, C., Deng, Y., Wang, Y., Xin, X., et al. Short – term Meditation Modulates Brain Activity of Insight Evoked with Solution Cue [J]. *Social Cognitive and Affective Neuroscience*, 2014, 10 (1): 43 – 49.

[111] Dobkin, P. L. Mindfulness – based Stress Reduction: What Processes are at Work [J]. *Complementary Therapies in Clinical Practice*, 2008, 14 (1): 8 – 16.

[112] Dulebohn, J. H., Bommer, W. H., Liden, R. C., Brouer, R. L., Ferris, G. R. A Meta – analysis of Antecedents and Consequences of Leader – member Exchange Integrating the Past with an Eye toward the Future [J]. *Journal of Management*, 2012, 38 (6): 1715 – 1759.

[113] Eberth, J., Sedlmeier, P. The Effects of Mindfulness Meditation: A Meta – analysis [J]. *Mindfulness*, 2012, 3 (3): 174 – 189.

[114] Eisenberg, N., Eggum, N. D., Giunta, L. D. Empathy – related Responding: Associations with Prosocial Behavior, Aggression, and Intergroup Relations [J]. *Social Issues & Policy Review*, 2010, 4 (1): 143 – 180.

[115] Eisenbeiss, S. A., Van Knippenberg, D. On Ethical Leadership Impact: The Role of Follower Mindfulness and Moral Emotions [J]. *Journal of Organizational Behavior*, 2015, 36 (2): 182 – 195.

[116] Elwafi, H. M., Witkiewitz, K., Mallik, S., Thornhill IV, T. A., Brewer, J. A. Mindfulness Training for Smoking Cessation: Moderation of the Relationship between Craving and Cigarette Use [J]. *Drug & Alcohol Dependence*, 2013, 130 (1): 222 – 229.

[117] Emanuel, A. S., Updegraff, J. A., Kalmbach, D. A., Ciesla, J. A. The Role of Mindfulness Facets in Affective Forecasting [J]. *Personality and Individual Differences*, 2010, 49 (7): 815 – 818.

[118] Epstein, M. Thoughts without a Thinker: Buddhism and Psychoanalysis [M]. New York: Basic Books, 1995.

[119] Epitropaki, O., Martin, R. Implicit Leadership Theories in Applied Settings: Factor Structure, Generalizability, and Stability Over Time [J]. *Journal of Applied Psychology*, 2004, 89 (2): 293 – 310.

[120] Epitropaki, O., Martin, R. From Ideal to Real: A Longitudinal Study of the Role of Lmplicit leadership Theories on Leader – member Exchanges and Employee Outcomes [J]. *Journal of Applied Psychology*, 2005, 90 (4): 659 – 676.

[121] Erisman, S. M., Roemer, L. A Preliminary Investigation of the Effects of Experimentally Induced Mindfulness on Emotional Responding to Film Clips [J]. *Emo-*

tion, 2010, 10 (1): 72 –82.

[122] Fan, Y., Duncan, N. W., De Greck, M., Northoff, G. Is there a core Neural Network in Empathy? An fMRI Based Quantitative Meta – analysis [J]. *Neuroscience & Biobehavioral Reviews*, 2011, 35 (3): 903 –911.

[123] Farb, N. A., Segal, Z. V., Mayberg, H., Bean, J., McKeon, D., Fatima, Z., Anderson, A. K. Attending to the Present: Mindfulness Meditation Reveals Distinct Neural Modes of Self – reference [J]. *Social Cognitive and Affective Neuroscience*, 2007, 2 (4): 313 –322.

[124] Feldman, G., Hayes, A., Kumar, S., Greeson, J., Laurenceau, J. P. Mindfulness and Emotion Regulation: The Development and Initial Validation of the Cognitive and Affective Mindfulness Scale – Revised (CAMS – R) [J]. *Journal of Psychopathology and Behavioral Assessment*, 2007, 29 (3): 177 –190.

[125] Felfe, J., Schyns, B. Personality and the Perception of Transformational Leadership: The Impact of Extraversion, Neuroticism, Personal Need for Structure, and Occupational Self – Efficacy [J]. *Journal of Applied Social Psychology*, 2006, 36 (3): 708 –739.

[126] Felfe, J., Schyns, B. Followers' Personality and the Perception of Transformational Leadership: Further Evidence for the Similarity Hypothesis [J]. *British Journal of Management*, 2010, 21 (2): 393 –410.

[127] Fiori, F., David, N., Aglioti, S. M. Processing of Proprioceptive and Vestibular Body Signals and Self – transcendence in Ashtanga Yoga Practitioners [J]. *Frontiers in Human Neuroscience*, 2014, 8 (3): 250 –253.

[128] Flook, L., Goldberg, S. B., Pinger, L., Bonus, K., Davidson, R. J. Mindfulness for Teachers: A Pilot Study to Assess Effects on Stress, Burnout, and Teaching Efficacy [J]. *Mind, Brain, and Education*, 2013, 7 (3): 182 –195.

[129] Fox, K. C., Nijeboer, S., Dixon, M. L., Floman, J. L., Ellamil, M., Rumak, S. P., Christoff, K. Is Meditation Associated with Altered Brain Structure? A Systematic Review and Meta – analysis of Morphometric Neuroimaging in Meditation Practitioners [J]. *Neuroscience & Biobehavioral Reviews*, 2014, 43 (1): 48 –73.

[130] Fredrickson, B. L., Cohn, M. A., Coffey, K. A., Pek, J., Finkel, S. M. Open Hearts Build Lives: Positive Emotions, Induced through Loving – kindness Meditation, Build Consequential Personal Resources [J]. *Journal of Personality and Social Psychology*, 2008, 95 (5): 1045 – 1062.

[131] Fredrickson, B. L. Cultivating Positive Emotions to Optimize Health and Well – being [J]. *Prevention & Treatment*, 2000, 3 (1): 1 – 25.

[132] Frewen, P. A., Evans, E. M., Maraj, N., Dozois, D. J. A., Partridge, K. Letting Go: Mindfulness and Negative Automatic Thinking [J]. *Cognitive Therapy and Research*, 2008, 32 (6): 758 – 774.

[133] Frijda, N. H. The Laws of Emotion [J]. *American Psychologist*, 1988, 43 (5): 349 – 358.

[134] Gardner, W. L., Avolio, B. J., Luthans, F., May, D. R., Walumbwa, F. "Can You See the Real Me"? A Self – based Model of Authentic Leader and Follower Development [J]. *Leadership Quarterly*, 2005, 16 (3): 343 – 372.

[135] Gard, T., Taquet, M., Dixit, R., Hölzel, B. K., De Montjoye, Y. A., Brach, N., Lazar, S. W. Fluid Intelligence and Brain Functional Organization in Aging Yoga and Meditation Practitioners [J]. *Frontiers in Aging Neuroscience*, 2014, 6 (17): 65 – 71.

[136] George, J. M. Emotions and Leadership: The Role of Emotional Intelligence [J]. *Human Relations*, 2000, 53 (8): 1027 – 1055.

[137] Gerstner, C. R., Day, D. V. Meta – Analytic Review of Leader – Member Exchange Theory: Correlates and Construct Issues [J]. *Journal of Applied Psychology*, 1997, 82 (6): 827 – 844.

[138] Germer, C. K., Siegel, R. D, Fulton, P. R. Mindfulness and Psychotherapy [M]. Guilford Press, 2005.

[139] Giessner, S. R., Van Knippenberg, D., Sleebos, E. License to Fail? How Leader Group Prototypicality Moderates the Effects of Leader Performance on Perceptions of Leadership Effectiveness [J]. *Leadership Quarterly*, 2009, 20 (3): 434 – 451.

[140] Giluk, T. L. Mindfulness, Big Five Personality, and Affect: A Meta –

analysis [J]. *Personality and Individual Differences*, 2009, 47 (8): 805 -811.

[141] Giluk, T. L. Mindfulness - based Stress Reduction: Facilitating Work Outcomes through Experienced Affect and High - quality Relationships [D] . *Doctoral Dissertation*, *Available at Iowa Research Online*, 2010.

[142] Gioia, D. A. , Thomas, J. B. , Clark, S. M. , Chittipeddi, K. Symbolism and Strategic Change in Academia: The Dynamics of Sensemaking and Influence [J]. *Organization Science*, 1994, 5 (3): 363 -383.

[143] Glomb, T. M. , Duffy, M. K. , Bono, J. E. , Yang, T. Mindfulness at work [J]. *Research in Personnel and Human Resources Management*, 2011, 30 (30): 115 -157.

[144] Goleman, D. Focus: The Hidden Driver of Excellence [M] . New York, NY: Harper Collins, 2013.

[145] Goldin, P. R. , Gross, J. J. Effects of Mindfulness - based Stress Reduction (MBSR) on Emotion Regulation in Social Anxiety Disorder [J]. *Emotion*, 2010, 10 (1): 83 -91.

[146] Good, D. J. , Lyddy, C. J. , Glomb, T. M. , Bono, J. E. , Brown, K. W. , Duffy, M. K. , et al. Contemplating Mindfulness at Work: An Integrative Review [J]. *Journal of Management*, 2016, 42 (1): 114 -142.

[147] Grabovac, A. D. , Lau, M. A. , Willett, B. R. Erratum to: Mechanisms of mindfulness: A Buddhist Psychological Model [J]. *Mindfulness*, 2011, 2 (3): 154 -166.

[148] Graen, G. B. , Cashman, J. A Role - Making model of Leadership in Formal Organizations: A Development Approach. In J. G. Hunt L. L. Larson (eds.), Leadership Frontiers [M] . Kent, OH: Kent State University, 1975.

[149] Graen, G. B. , Uhl - Bien, M. Partnership - making Applies Equally Well to Teammatesponsor Teammate - competence Network, and Teammate - teammate Relationships [J]. *Journal of Management Systems*, 1991, 3 (3): 49 -54.

[150] Graen, G. B. , Uhl - Bien, M. Relationship - based Approach to Leadership: Development of Leader - member Exchange (LMX) Theory of Leadership Over

25 Years: Applying a Multi - level Multi - domain Perspective [J]. *Leadership Quarterly*, 1995, 6 (2): 219 - 247.

[151] Graen, G. Dealing with Diversity [J]. *Journal of Urban History*, 2003, 31 (6): 820 - 849.

[152] Grandy, G., Holton, J. Leadership Development Needs Assessment in Healthcare: A collaborative Approach [J]. *Leadership & Organization Development Journal*, 2013, 34 (5): 427 - 445.

[153] Grant, A. M., Gino, F., Hofmann, D. A. Reversing the Extraverted Leadership Advantage: The Role of Employee Proactivity [J]. *Academy of Management Journal*, 2011, 54 (3): 528 - 550.

[154] Grint, K. The arts of leadership [M]. Oxford, England: Oxford University Press, 2000.

[155] Grint, K. Leadership: Limits and Possibilities [M]. Hong Kong: Palgrave Macmillan, 2005.

[156] Green, S. G., Anderson, S. E., Shivers, S. L. Demographic and Organizational Influences on Leader - member Exchange and Related Work Attitudes [J]. *Organizational Behavior & Human Decision Processes*, 1996, 66 (2): 203 - 214.

[157] Grossman, P. On Measuring Mindfulness in Psychosomatic and Psychological Research [J]. *Journal of Psychosomatic Research*, 2008, 64: 405 - 408.

[158] Grossman, P., Kappos, L., Gensicke, H., D'Souza, M., Mohr, D. C., Penner, I. K., Steiner, C. MS Quality of Life, Depression, and Fatigue Improve after Mindfulness Training A Randomized Trial [J]. *Neurology*, 2010, 75 (13): 1141 - 1149.

[159] Grossman, P. Defining Mindfulness by How Poorly I Think I Pay Attention during Everyday Awareness and Other Intractable Problems for Psychology's (re) Invention of mindfulness: Comment on Brown et al. [J]. *Psychological Assessment*, 2011, 23 (4): 1034 - 1040.

[160] Gu, J., Strauss, C., Bond, R., Cavanagh, K. How Do Mindfulness - Based Cognitivetherapy and Mindfulness - based Stress Reduction Improve Mental

Health and Wellbeing? A Systematic Review and Meta – analysis of Mediation Studies [J] . *Clinical Psychology Review*, 2015, 37: 1 – 12.

[161] Gunaratana, H. Mindfulness in Plain English [M] . Boston, MA: Wisdom, 2011 .

[162] Hafenbrack, A. C. Mindfulness Meditation as an on – the – spot Workplace Intervention [J] . *Journal of Business Research*, 2017, 75: 118 – 129.

[163] Haggard, D. L. , Robert, C. , Rose, A. J. Co – rumination in the Workplace: Adjustment Trade – offs for Men and Women Who Engage in Excessive Discussions of Workplace Problems [J] . *Journal of Business and Psychology*, 2011, 26 (1): 27 – 40.

[164] Hansen. The Effects of Mindfulness on Work – Related Stress, Wellbeing, Recovery Quality, and Employee Resilience [D] . University of Canterbury Master Dissertation, 2016.

[165] Hargus, E. , Crane, C. , Barnhofer, T. , Williams, J. M. G. Effects of Mindfulness on Meta – awareness and Specificity of Describing Prodromal Symptoms in Suicidal Depression [J] . *Emotion*, 2010, 10 (1): 34 – 42.

[166] Harris K. J. , Harvey P. , Kacmar K. M. Abusive Supervisory Reactions to Coworker Relationship Conflict [J] . *Leadership Quarterly*, 2011, 22 (5): 1010 – 1023.

[167] Hayes, A. M. , Feldman, G. Clarifying the Construct of Mindfulness in the Context of Emotion Regulation and the Process of Change in Therapy [J] . *Clinical Psychology: Science and Practice*, 2004, 11 (3): 255 – 262.

[168] Harvey, P. An Introduction to Buddhist Ethics: Foundations, Values and Issues [M] . Cambridge, UK: Cambridge University Press, 2000.

[169] Hanh, T. H. The Miracle of Mindfulness [M] . Boston: Beacon Press, 1976.

[170] Harter, S. Authenticity. In C. R. Snyder, S. Lopez (Eds.), Handbook of Positive Psychology [M] . Oxford University Press, 2002: 382 – 394.

[171] Henle, C. A. , Gross, M. A. What Have I Done to Deserve This? Effects of Employee Personality and Emotion on Abusive Supervision [J] . *Journal of Business*

Ethics, 2014, 122 (3): 461 -474.

[172] Heppner, W. L., Kernis, M. H., Lakey, C. E., Campbell, W. K., Goldman, B. M., Davis, P. J., Davis, P. J., Cascio, E. V. Mindfulness as a Means of Reducing Aggressive Behavior: Dispositional and Situational Evidence [J]. *Aggressive Behavior*, 2008, 34 (5): 486 -496.

[173] Herndon, F. Testing Mindfulness with Perceptual and Cognitive Factors: External vs. Internal Encoding, and the Cognitive Failures Questionnaire [J]. *Personality and Individual Differences*, 2008, 44 (1): 32 -41.

[174] Herring J., Roche, D. M., Masters, R. Mindful Rumination Aids High Performance Leadership in the Workplace [J]. *New Zealand Journal of Human Resources Management*, 2016, 16 (1): 19 -31.

[175] Hirst, G., Walumbwa, F. Aryee, S. A Multi - level Investigation of Authentic Leadership as an Antecedent of Helping Behavior [J]. *Journal of Business Ethics*, 2016, 139 (3): 485 -499.

[176] Hobman, E. V., Restubog, S. L. D., Bordia, P., Tang, R. L. Abusive Supervision in Advising Relationships: Investigating the Role of Social Support [J]. *Applied Psychology: An International Review*, 2009, 58 (2): 233 -256.

[177] Hoch, J. E., Bommer, W. H., Dulebohn, J. H., Wu, D. Y. Do Ethical, Authentic, and Servant Leadership Explain Variance above and beyond Transformational Leadership? A Meta - analysis [J]. *Journal of Management*, 2016, 44 (2): 1 -29.

[178] Hofmann, A. W. Mantle Geochemistry: The Message from Oceanic Volcanism [J]. *Nature*, 1997, 385 (6613): 219 -229.

[179] Hofmann, D. A., Gavin, M. B. Centering Decisions in Hierarchical Linear Models: Implications for Research in Organizations [J]. *Journal of Management*, 1998, 24 (5): 623 -641.

[180] Hofmann, W., Kotabe, H. A General Model of Preventive and Interventive self - control [J]. *Social and Personality Psychology Compass*, 2012, 6 (10): 707 -722.

[181] Hollander, E. P., Webb, W. B. Leadership, Followership, and Friendship: An Analysis of Peer Nominations [J]. *Journal of Abnormal and Social Psychology*, 1955, 50 (2): 163 – 167.

[182] Hollander, E. *Inclusive Leadership: The Essential Leader – follower Relationship* [M]. Routledge, Taylor Francis Group, 2012.

[183] Hölzel, B. K., Carmody, J., Evans, K. C., Hoge, E. A., Dusek, J. A., Morgan, L., et al. Stress Reduction Correlates with Structural Changes in the Amygdala [J]. *Social Cognitive and Affective Neuroscience*, 2010, 5 (1): 11 – 17.

[184] Hölzel, B. K., Lazar, S. W., Gard, T., Schuman – Olivier, Z., Vago, D. R., Ott, U. How Does Mindfulness Meditation Work? Proposing Mechanisms of Action from a Conceptual and Neural Perspective [J]. *Perspectives on Psychological Science*, 2011, 6 (6): 537 – 559.

[185] Hoobler, J. M., Hu, J. A Model of Injustice, Abusive Supervision, and Negative Affect [J]. *Leadership Quarterly*, 2013, 24 (1): 256 – 269.

[186] Hougaard, R., Carter, J., Coutts, G. Mastering Your Mind—First Steps. One Second Ahead [M]. Palgrave Macmillan US, 2016.

[187] Howell, J. M., Shamir, B. The Role of Followers in the Charismatic Leadership Process: Relationships and Their Consequences [J]. *Academy of Management Review*, 2005, 30 (1): 96 – 112.

[188] Howell, A. J., Digdon, N. L., Buro, K., Sheptycki, A. R. Relations among Mindfulness, Well – being, and Sleep [J]. *Personality and Individual Differences*, 2008, 45 (8): 773 – 777.

[189] Howell, A. J., Digdon, N. L., Buro, K. Mindfulness Predicts Sleep – related Self – regulation and Well – being [J]. *Personality and Individual Differences*, 2010, 48 (4): 419 – 424.

[190] Hsieh, C. C., Wang, D. S. Does Supervisor – perceived Authentic Leadership Influence Employee Work Engagement through Employee – perceived Authentic Leadership and Employee Trust [J]. *The International Journal of Human Resource Management*, 2015, 26 (18): 2329 – 2348.

[191] Hülsheger, U. R., Alberts, H. J. E. M., Feinholdt, A., Lang, J. W. B. Benefits of Mindfulness at Work: The Role of Mindfulness in Emotion Regulation, Emotional Exhaustion, and Job Satisfaction [J]. *Journal of Applied Psychology*, 2013, 98 (2): 310–325.

[192] Hülsheger, U. R., Lang, J. W. B., Depenbrock, F., Fehrmann, C., Zijlstra, F. R. H., Alberts, H. J. E. M. The Power of Presence: The Role of Mindfulness at Work for Daily Levels and Change Trajectories of Psychological Detachment and Sleep Quality [J]. *Journal of Applied Psychology*, 2014, 99 (6): 1113–1128.

[193] Hülsheger, U. R., Feinholdt, A., Nübold, A. A low-dose Mindfulness Intervention and Recovery from Work: Effects on Psychological Detachment, Sleep Quality, and Sleep Duration [J]. *Journal of Occupational and Organizational Psychology*, 2015, 88 (3): 464–489.

[194] Hunter, L. W., Thatcher, S. M. B. Feeling the Heat: Effects of Stress, Commitment, and Job Experience on Job Performance [J]. *Academy of Management Journal*, 2007, 50 (4): 953–968.

[195] Ilies, R., Nahrgang, J. D., Morgeson, F. P. Leader-member Exchange and Citizenship Behaviors: A Meta-analysis [J]. *Journal of Applied Psychology*, 2007, 92 (1): 269–277.

[196] Ingram, R. E., Smith, T. W. Depression and Internal Versus External focus of Attention [J]. *Cognitive Therapy and Research*, 1984, 8 (2): 139–151.

[197] Ives-Deliperi V. L., Solms M., Meintjes E. M. The Neural Substrates of Mindfulness: An FMRI Investigation [J]. *Social Neuroscience*, 2011, 6 (3): 231–242.

[198] Jeste, D. V., Ardelt, M., Blazer, D., Kraemer, H. C., Vaillant, G. E., Meeks, T. W. Expert Consensus on Characteristics of Wisdom: A Delphi Method study [J]. *The Gerontologist*, 2010, 50 (5): 668–680.

[199] Jha, A. P., Morrison, A. B., Dainer-Best, J., Parker, S., Rostrup, N., Stanley, E. A. Minds "at attention": Mindfulness Training Curbs Attentional Lapses in Military Cohorts [J]. *PLoS ONE*, 2015, 10 (2).

[200] Jiang, H., Men, R. L. Creating an Engaged Workforce: The Impact of Authentic Leadership, Transparent Organizational Communication, and Work－life Enrichment [J]. *Communication Research*, 2017, 44 (2): 225－243.

[201] Judge, T. A, Bono, J. E. Five－Factor Model of Personality and Transformational Leadership [J]. *Journal of Applied Psychology*, 2000, 85 (5): 751－765.

[202] Judge, T. A., Bono, J. E., Ilies, R., Gerhardt, M. Personality and Leadership: A Qualitative and Quantitative Review [J]. *The Journal of Applied Psychology*, 2002, 87 (4): 765－780.

[203] Judge, T. A., Piccolo, R. F. Transformational and Transactional Leadership: A Meta－analytic Test of Their Relative Validity [J]. *Journal of Applied Psychology*, 2004, 89 (5): 755－768.

[204] Kabat－Zinn, J. Indra's Net at Work: The Mainstreaming of Dharma Practice in Society [J]. *Psychology of Awakening: Buddhism, Science & Our Day－to－day Lives*, 2000: 225－249.

[205] Kabat－Zinn, J. Mindfulness－based Interventions in Context: Past, Present, and future [J]. *Clinical Psychology Science and Practice*, 2003, 10: 144－156.

[206] Kabat－Zinn, J. Wherever You Go, There You Are: Mindfulness Meditation in Everyday Life [M]. New York: Hyperion, 2005.

[207] Kabat－Zinn, J. Some Reflections on the Origins of MBSR, Skillful Means, and the Trouble with Maps [J]. *Contemporary Buddhism*, 2011, 12 (1): 281－306.

[208] Kabat－Zinn, J. Full catastrophe living: Using the Wisdom of Your Body and Mind to Face Stress, Pain, and Illness (Rev. ed.) [M]. New York, NY: Bantam Books, 2013.

[209] Kaliman, P., Álvarez－López, M. J., Cosín－TomÁs, M., Rosenkranz, M. A., Lutz, A., Davidson, R. J. Rapid Changes in Histone Deacetylases and Inflammatory gene Expression in Expert Meditators [J]. *Psychoneuroendocrinology*,

2014, 40 (1): 96 - 107.

[210] Kark, R., Van Dijk, D. Motivation to Lead, Motivation to Follow: The Role of the Self - regulatory Focus in Leadership Processes [J]. *Academy of Management Review*, 2007, 32 (2): 500 - 528.

[211] Karssiens, A. E. A., Linden, C. V. D., Wilderom, C. P. M., Furtmueller, E. Embodied Mind Knowledge in Leadership Practice: Creating Space in Patterned Thoughts and Behaviors [J]. *Journal of Management Inquiry*, 2014, 23 (3): 231 - 241.

[212] Kawakami, K., Sato, S., Ozaki, H., Ikeda, K. Six Family Genes - Structure and Function as Transcription Factors and Their Roles in Development [J]. *Bioessays News & Reviews in Molecular Cellular & Developmental Biology*, 2000, 22 (7): 616 - 626.

[213] Keller, T. Images of the Familiar: Individual Differences and Implicit Leadership Theories [J]. *Leadership Quarterly*, 1999, 10 (4): 589 - 607.

[214] Keller, T. Parental Images as a Guide to Leadership Sensemaking: An Attachment Perspective on Implicit Leadership Theories [J]. *Leadership Quarterly*, 2003, 4 (2): 141 - 160.

[215] Kellerman, B. Followership: How Followers are Creating Change and Changing Leaders [M]. Boston, MA: Harvard Business Press, 2008

[216] Kellett, J. B., Humphrey, R. H., Sleeth, R. G. Empathy and Complex Task Performance: Two Routes to Leadership [J]. *Leadership Quarterly*, 2002, 13 (5): 523 - 544.

[217] Kenney, R. A., Schwartz - Kenney, B. M., Blascovich, J. Implicit Leadership Theories: Defining Leaders Described as Worthy of Influence [J]. *Personality & Social Psychology Bulletin*, 2002, 22 (11): 1128 - 1143.

[218] Kernan, M. C., Watson, S., Chen, F. F., Kim, T. G. How Cultural Values Affect the Impact of Abusive Supervision on Worker Attitudes [J]. *Cross Cultural Management*, 2011, 18 (4): 464 - 484.

[219] Kernis, M. H. Toward a Conceptualization of Optimal Self - esteem [J].

Psychological Inquiry, 2003, 14 (1): 1 – 26.

[220] Kernis, M. H., Goldman, B. M. From thought and Experience to Behavior and Interpersonal Relationships: A Multicomponent Conceptualization of Authenticity. In A. Tesser, J. V. Wood, D. Stapel (Eds.), On Building, Defending and Regulating the Self: A Psychological Perspective [M]. New York: Psychology Press, 2005.

[221] Kernis, M. H., Goldman, B. M. A Multicomponent Conceptualization of Authenticity: Theory and Research [J]. *Advances in Experimental Social Psychology*, 2006, 38 (6): 283 – 357.

[222] Kiburz, K. M., Allen, T. D., French, K. A. Work – family Conflict and Mindfulness: Investigating the Effectiveness of a Brief Training Intervention [J]. *Journal of Organizational Behavior*, 2017, 2 (38): 1016 – 1037.

[223] Kinsler, L. Born to be Me Who am I Again? The Development of Authentic Leadership Using Evidence – based Leadership Coaching and Mindfulness [J]. *International Coaching Psychology Review*, 2014, 9 (1): 92 – 105.

[224] Killingsworth, M. A., Gilbert, D. T. A Wandering Mind is an Unhappy Mind [J]. *Science*, 2010, 330 (6006): 932 – 932.

[225] King, E., Haar, J. M. Mindfulness and Job Performance: A Study of Australian Leaders [J]. *Asia Pacific Journal of Human Resources*, 2017, 55 (3): 298 – 319.

[226] Kohles, J. C., Bligh, M. C., Carsten, M. K. A Follower – centric Approach to the Vision Integration Process [J]. *Leadership Quarterly*, 2012, 23 (3): 476 – 487.

[227] Koole, S. L., Govorun, O., Cheng, C. M., Gallucci, M. Pulling Yourself Together: Meditation Promotes Congruence between Implicit and Explicit Self – esteem [J]. *Journal of Experimental Social Psychology*, 2009, 45 (6): 1220 – 1226.

[228] Koole, S. L., Van Dillen, L. F., Sheppes, G. The Self – regulation of Emotion. In K. D. Vohs & R. F. Baumeister (Eds.), Handbook of Self – regulation: Research, Theory, and Applications (2nd ed.) [M]. New York, NY: Guilford Press, 2011.

[229] Krasner, M. S., Epstein, R. M., Beckman, H., Suchman, A. L., Chapman, B., Mooney, C. J., Quill, T. E. Association of an Educational Program in Mindful Communication with Burnout, Empathy, and Attitudes among Primary Care Physicians [J]. *Journal of the American Medical Association*, 2009, 302 (12): 1284-1293.

[230] Krishnakumar, S., Robinson, M. D. Maintaining an Even Keel: An Affect-mediated Model of Mindfulness and Hostile Work Behavior [J]. *Emotion*, 2015, 15 (5): 579-589.

[231] Kroon B., Van Woerkom M., Menting C. Mindfulness as Substitute for Transformational Leadership [J]. *Journal of Managerial Psychology*, 2017, 32 (4): 284-297.

[232] Lakey, C. E., Campbell, W. K., Brown, K. W., Goodie, A. S. Dispositional Mindfulness As a Predictor of the Severity of Gambling Outcomes [J]. *Personality and Individual Differences*, 2007, 43 (7): 1698-1710.

[233] Lakey, C. E., Kernis, M. H., Heppner, W. L., Lance, C. E. Individual Differences in Authenticity and Mindfulness as Predictors of Verbal Defensiveness [J]. *Journal of Research in Personality*, 2008, 42 (1): 230-238.

[234] Lawton, M. P., Nahemow, L. Ecology and the Aging Process [M]. Washington, D. C.: American Psychological Assoliation, 1973: 619-674.

[235] Langer, E. J. Mindfulness [M]. Boston: Addison-Wesley/Addison Wesley Longman, 1989.

[236] Langer, E. J. Matters of Mind: Mindfulness/Mindlessness in Perspective [J]. *Consciousness and Cognition*, 1992, 1 (3): 289-305.

[237] Langer E. J. Mindfulness Forward and Back [J]. *See Ie et al.* 2014: 7-20.

[238] Langelaan S., Bakker A. B., van Doornenl L. J. P, Schaufeli W. B. Burnout and Work Engagement: Do Individual Differences Make a Difference [J]. *Personality and Individual Differences*, 2006, 40 (3): 521-532.

[239] Lau, M. A., Bishop, S. R., Segal, Z. V., Buis, T., Anderson, N. D., Carlson, L., Devins, G. The Toronto Mindfulness Scale: Development and Vali-

dation [J]. *Journal of Clinical Psychology*, 2006, 62 (12): 1445 - 1467.

[240] Lewin, K. Field Theory in Social Science [M]. Harpers. Oxford, England, 1951.

[241] Lewis, K. M. When Leaders Display Emotion: How Followers Respond to Negative Emotional Expression of Male and Female Leaders [J]. *Journal of Organizational Behavior*, 2000, 21 (2): 221 - 234.

[242] Leroy, H., Anseel, F., Dimitrova, N. G., Sels, L. Mindfulness, authentic Functioning, and Work Engagement: A Growth Modeling Approach [J]. *Journal of Vocational Behavior*, 2013, 82 (3): 238 - 247.

[243] Levesque, C., Brown, K. W. Mindfulness as a Moderator of the Effect of Implicit Motivational Self - concept on Day - to - day Behavioral Motivation [J]. *Motivation and Emotion*, 2007, 31 (4): 284 - 299.

[244] Levesque, J., Mairesse, Y., Dudovich, N., Pépin, H., Kieffer, J. C., Corkum, P. B., et al. Polarization State of high - order Harmonic Emission from Aligned Molecules [J]. *Physical Review Letters*, 2007, 99 (24).

[245] Liang, L. H., Lian, H., Brown, D., Ferris, D. L., Hanig, S., Keeping, L. Why are Abusive Supervisors Abusive? A Dual - system Self - control Model [J]. *Academy of Management Journal*, 2016, 59 (4): 1385 - 1406.

[246] Lian, H., Ferris, D. L., Morrison, R., Brown, D. J. Blame it on the Supervisor or the Subordinate? Reciprocal Relations between Abusive Supervision and Organizational Deviance [J]. *Journal of Applied Psychology*, 2014, 99 (4): 651 - 664.

[247] Lian, H. W., Ferris, D. L., Brown, D. J. Does Taking the Good with the bad Make Things Worse? How Abusive Supervision and Leader - member Exchange Interact to Impact Need Satisfaction and Organizational Deviance [J]. *Organizational Behavior and Human Decision Processes*, 2012, 117 (1): 41 - 52.

[248] Lin, S. - H. (J.), Ma, J., Johnson, R. E. When Ethical Leader Behavior Breaks Bad: How Ethical Leader Behavior Can Turn Abusive via Ego Depletion and Moral Licensing [J]. *Journal of Applied Psychology*, 2016, 101 (6):

815 - 830.

［249］ Linehan, M. M. *Cognitive Behavioral Therapy of Borderline Personality Disorder* ［M］. New York: Guilford Press, 1993.

［250］ Liu, X. , Wang, J. Abusive Supervision and Organizational Citizenship Behaviour: Is Supervisor - subordinate Guanxi a Mediator ［J］. *International Journal of Human Resource Management*, 2013, 24 (7): 1471 - 1489.

［251］ Long, E. , C. , Christian, M. S. Mindfulness Buffers Retaliatory Responses to Injustice: A Regulatory Approach ［J］. *Journal of Applied Psychology*, 2015, 100 (5): 1409 - 1422.

［252］ Lord, R. G. , Foti, R. J. , De, Vader, C. L. A Test of Leadership Categorization Theory: Internal Structure, Information Processing, and Leadership Perceptions ［J］. *Organizational Behavior and Human Performance*, 1984, 34 (3): 343 - 378.

［253］ Lord, R. G. , Maher, K. J. Leadership and Information Processing: Linking Perceptions and Performance ［M］. Boston: Unwin Hyman, 1991.

［254］ Luders, E. , Cherbuin, N. , Kurth, F. Forever Young (er): Potential age - defying Effects of Long - term Meditation on Gray Matter Atrophy ［J］. *Frontiers in Psychology*, 2015, 5 (1551): 1 - 7.

［255］ Luthans, F. , Avolio, B. Authentic Leadership: A Positive Development Approach ［G］. In K. S. Cameron, J. E. Dutton, R. E. Quinn (Eds.), *Positive Organizational Scholarship: Foundations of a New Discipline*. San Francisco: Berrett - Koehler, 2003: 241 - 261.

［256］ Mackinnon, D. P. , Krull, J. L. , Lockwood, C. M. Equivalence of the Mediation, Confounding and Suppression Effect ［J］. *Prevention Science the Official Journal of the Society for Prevention Research*, 2000, 1 (4): 173 - 181.

［257］ Mahsud, R. , Yukl, G. , Prussia, G. Leader Empathy, Ethical Leadership, and Relations - Oriented Behaviors as Antecedents of Leader - Member Exchange Quality ［J］. *Journal of Managerial Psychology*, 2010, 25 (6): 561 - 577.

［258］ Malinowski, P. , Lim, H. J. Mindfulness at Work: Positive Affect, Hope, and Optimism Mediate the Relationship between Dispositional Mindfulness,

Work Engagement, and Well - being [J]. *Mindfulness*, 2015, 6 (6): 1250 - 1262.

[259] Macey, W. H., Schneider, B. The Meaning of Employee Engagement [J]. *Industrial and Organizational Psychology*, 2008, 1 (1): 3 - 30.

[260] Martinko, M. J., Harvey, P., Sikora, D., Douglas, S. C. Perceptions of Abusive Supervision: The Role of Subordinates Attribution Styles [J]. *Leadership Quarterly*, 2010, 22 (4): 751 - 764.

[261] Mason, M. F., Norton, M. I., Van Horn, J. D., Wegner, D. M., Grafton, S. T., Macrae, C. N. Wandering Minds: The Default Network and Stimulus - Independent Thought [J]. *Science*, 2007, 315 (5810): 393 - 395.

[262] Mayer, R. C., Davis, J. H., Schoorman, F. D. An Integrative Model of Organizational Trust: Past, Present, and Future [J]. *Academy of Management Review*, 1995, 20 (3): 709 - 734.

[263] Mazmanian, M., Orlikowski, W. J., Yates, J. The Autonomy Paradox: The Implications of Mobile Email Devices for Knowledge Professionals [J]. *Organization Science*, 2013, 24, 1337 - 1357.

[264] McEwen, B. S. Central Effects of Stress Hormones in Health and Disease: Understanding the Protective and Damaging Effects of Stress and Stress Mediators [J]. *European Journal of Pharmacology*, 2008, 583 (2): 174 - 185.

[265] Mellor, N. J., Ingram, L., Huizen, M. V., Arnold, J., Harding. Mindfulness Training and Employee Well - being [J]. *International Journal of Workplace Health Management*, 2016, 9 (2): 126 - 145.

[266] Meindl, J. R., Ehrlich, S. B., Dukerich, J. M. The Romance of Leadership [J]. *Administrative Science Quarterly*, 1985, 30: 78 - 102.

[267] Meindl, J. R. The Romance of Leadership as a Follower - centric Theory: A Social Constructionist Approach [J]. *Leadership Quarterly*, 1995, 6 (3): 329 - 341.

[268] Melwani, S., Mueller, J., S., Overbeck, J., R. Looking down: The Influence of Contempt and Compassion on Emergent Leadership Categorizations [J]. *Journal of Applied Psychology*, 2012, 97 (6): 1171 - 1185.

[269] Meyer, J. P., Gagné, M. Employee Engagement from a Self - determina-

tion Theory Perspective [J]. *Industrial and Organizational Perspectives*, 2008, 1 (1): 60-62.

[270] Miller, J. J., Fletcher, K., Kabat-Zinn, J. Three-year Follow-up and Clinical Implications of a Mindfulness Meditation-based Stress Reduction Intervention in the Treatment of Anxiety Disorders [J]. *General Hospital Psychiatry*, 1995, 17 (3): 192-200.

[271] Michel, A., Bosch, C., Rexroth, M. Mindfulness as a Cognitive-emotional Segmentation Strategy: An Intervention Promoting Work-life Balance [J]. *Journal of Occupational Organizational Psychology*, 2014, 87 (4): 733-754.

[272] Mikulas, W. L. Mindfulness: Significant Common Confusions [J]. *Mindfulness*, 2011, 2 (1): 1-7.

[273] Miksch, D., Lindeman, M. I. H., Varghese, L. Minding the Mechanisms: A Discussion of How Mindfulness Leads to Positive Outcomes at Work [J]. *Industrial and Organizational Psychology*, 2015, 8 (4): 620-629.

[274] Miner, A. G., Glomb, T. M. State Mood, Task Performance, and Behavior at Work: A Within-persons Approach [J]. *Organizational Behavior & Human Decision Processes*, 2010, 112 (1): 43-57.

[275] Mooneyham, B. W., Schooler, J. W. The Costs and Benefits of Mind-wandering: A Review [J]. *Canadian Journal of Experimental Psychology/Revue Cana Dienne De Psychologie Expérimentale*, 2013, 67 (1): 11-18.

[276] Mrazek, M. D., Franklin, M. S., Phillips, D. T., Baird, B., Schooler, J. W. Mindfulness Training Improves Working Memory Capacity and GRE Performance While Reducing Mind Wandering [J]. *Psychological Science*, 2013, 24 (5): 776-781.

[277] Nakamura, J., Csikszentmihalyi, M. The Concept of Flow. In C. R. Snyder & S. J. Lopez (Eds.), Handbook of Positive Psychology [M]. Oxford, UK: Oxford University Press, 2002.

[278] Nakamura, J., Csikszentmihalyi, M. Flow Theory and Research. In C. R. Snyder & S. J. Lopez (Eds.), Oxford Handbook of Positive Psychology (2nd

ed.) [M]. Oxford, UK: Oxford University Press, 2009.

[279] Nandkeolyar, A. K., Shaffer, J. A., Li, A., Ekkirala, S., Bagger, J. Surviving an Abusive Supervisor: The Joint Roles of Conscientiousness and Coping Strategies [J]. *Journal of Applied Psychology*, 2014, 99 (1): 138 – 150.

[280] Neck, C. P., Houghton, J. D. Two Decades of Self – leadership Theory and Research [J]. *Journal of Managerial Psychology*, 2006, 21 (4): 270 – 295.

[281] Neider, L. L., Schriesheim, C. A. The Authentic Leadership Inventory (ALI): Development and Empirical Tests [J]. *Leadership Quarterly*, 2011, 22 (6): 1146 – 1164.

[282] Neubauer, A. C., Fink, A. Intelligence and Neural Efficiency [J]. *Neuroscience Biobehavioral Reviews*, 2009, 33 (7): 1004 – 1023.

[283] Niemiec, C. P., Brown, K. W., Ryan, R. M. Being Present to Death: Mindfulness Modulates the Effects of Mortality Salience [J]. *Journal of Personality and Social Psychology*, 2006, 99 (2): 344 – 365.

[284] Northouse, P. G. Effective Helping Relationships: The Role of Power and Control [J]. *Health Education & Behavior*, 1997, 24 (6): 703 – 707.

[285] Nolen – Hoeksema, S. Responses to Depression and Their Effects on the Duration of Depressive Episodes [J]. *Journal of Abnormal Psychology*, 1991, 100 (4): 569 – 582.

[286] Noe, R. A., Wilk, S. L. Investigation of the Factors That Influence Employees' Participation in Development Activities [J]. *Journal of Applied Psychology*, 1993, 78 (2): 291 – 302.

[287] Nye, J. L. The Eye of the Follower: Information Processing Effects on Attribution Regarding Leaders of Small Groups [J]. *Small Group Research*, 2002, 33 (3): 337 – 360.

[288] Ocasio, W. Attention to attention [J]. *Organization Science*, 2011, 22 (22): 1286 – 1296.

[289] Oc, B., Bashshur, M. R. Followership, Leadership, and Social Influence [J]. *Leadership Quarterly*, 2013, 24 (6): 919 – 934.

［290］ O'Doherty V.，Carr A.，McGrann A.，O'Neill，J. O.，Dinan，S.，Graham，I.，Maher，V. A Controlled Evaluation of Mindfulness – based Cognitive Therapy for Patients with Coronary Heart Disease and Depression ［J］. *Mindfulness*，2015，6（3）：405 –416.

［291］ O'Leary – kelly，A. M.，Bowessperry，L.，Bates，C. A.，Lean，E. R. Sexual Harassment at Work：A Decade（plus）of Progress ［J］. *Journal of Management*，2009，35（3）：503 –536.

［292］ Offermann，L. R.，Kennedy，J. K.，Jr.，Wirtz，P. W. Lmplicit Leader-Ship Theories：Content，Structure and Generalizability ［J］. *Leadership Quarterly*，1994，5（1）：43 –58.

［293］ Ortner，C. N. M.，Kilner，S. J.，Zelazo，P. D. Mindfulness Meditation and Reduced Emotional Interference on a Cognitive Task ［J］. *Motivation & Emotion*，2007，31（4）：271 –283.

［294］ Ostafin，B. D.，Kassman，K. T. Stepping out of History：Mindfulness Improves Insight Problem Solving ［J］. *Consciousness and Cognition*，2012，21（2）：1031 –1036.

［295］ Ottaviani，C.，Couyoumdjian，A. Pros and Cons of a Wandering Mind：A Prospective Study ［J］. *Frontiers in Psychology*，2013，4（7）：524.

［296］ Papies，E. K.，Pronk，T. M.，Keesman，M.，Barsalou，L. W. The Benefits of Simply Observing：Mindful Attention Modulates the Link between Motivation and Behavior ［J］. *Journal of Personality and Social Psychology*，2014，108（1）：148 –170.

［297］ Pelled，L. H.，Xin，K. R. Relational Demography and Relationship Quality in two Cultures ［J］. *Organization Studies*，2000，21（6）：1077 –1094.

［298］ Peng，A. C.，Schaubroeck，J. M.，Li，Y. Social Exchange Implication of Own and Coworkers' Experience of Supervisory Abuse ［J］. *Academy of Management Journal*，2014，57（5）：1385 –1405.

［299］ Peters，A.，Ellery，R. Affordable Access to Recreation：Policies，Procedures，and Programs in Wellington，Dufferin，and Guelph，a Guelph in Motion Report

[J] . *Monthly Notices of the Royal Astronomical Society*, 2015, 365 (4): 1114 - 1122.

[300] Peus, C., Wesche, J. S., Streicher, B., Braun, S., Frey, D. Authentic Leadership: An Empirical Test of its Antecedents, Consequences, and Mediating Mechanism [J] . *Journal of Business Ethics*, 2012, 10 (3): 331 - 348.

[301] Podsakoff, P. M., MacKenzie, S. B., Lee, J. Y., Podsakoff, N. P. Common Method Biases in Behavioral Research: A Critical Review of the Literature and Recommended Remedies [J] . *Journal of Applied Psychology*, 2003, 88 (5): 879 - 903.

[302] Podsakoff, P. M., Mackenzie, S. B., Podsakoff, N. P. Sources of Method Bias in Social Science Research and Recommendations on How to Control it [J] . *Annual Review of Psychology*, 2012, 63 (1): 539 - 569.

[303] Postlethwaite, B. Fluid Ability, Crystallized ability, and Performance across Multiple Domains: A Meta - analysis [D] . *Unpublished Doctoral Dissertation*, *University of Iowa*, 2011.

[304] Preacher, K. J., Hayes, A. F. SPSS and SAS Procedures for Estimating Indirect Effects in Simple Mediation Models [J] . *Behavior Research Methods Instruments & Computers*, 2004, 36 (4): 717 - 731.

[305] Preacher, K. J., Selig, J. P. Monte Carlo Method for Assessing Multilevel Mediation: An Interactive Tool for Creating Confidence Intervals for Indirect Effects in 1 - 1 - 1 Multilevel Models [Computer Software], 2010.

[306] Puffer, S. M. Attributions of Charismatic Leadership: The Impact of Decision Style, Outcome, and Observer Characteristics [J] . *Leadership Quarterly*, 1990, 1 (3): 177 - 192.

[307] Qin, X., Huang, M., Johnson, R., Hu, Q., Ju, D. The Short - Lived Benefits of abusive Supervisory Behavior for Actors: An Investigation of Recovery and Work Engagement [EB/OL] . *Academic of Management Journal*, Advance online publication, doi: 10. 5465/amj. 2016. 1325, 2017.

[308] Quaglia, J. T., Brown, K. W., Lindsay, E. K., Creswell, J. D., Goodman, R. J. from Conception to Operationalization of Mindfulness. In K. W.

Brown, J. D. Creswell, R. M. Ryan (Eds.), Handbook of Mindfulness: Theory, Research, and Practice [M]. New York, NY: Guilford, 2015a.

[309] Quaglia, J. T., Goodman, R. J., Brown, K. W. From Mindful Attention to Social Connection: The Key Role of Emotion Regulation [J]. *Cognition and Emotion*, 2015b, 29 (8): 1466 – 1474.

[310] Raudenbush, S. W. What are value – added Models Estimating and What does This Imply for Statistical Practice [J]. *Journal of Educational and Behavioral Statistics*, 2004, 29 (1): 121 – 129.

[311] Reb, J., Narayanan, J., Chaturvedi, S. Leading Mindfully: Two Studies on the Influence of Supervisor Trait Mindfulness on Employee Well – being and Performance [J]. *Mindfulness*, 2014, 5 (1): 36 – 45.

[312] Reb, J., Narayanan, J., Zhi, W. H. Mindfulness at Work: Antecedents and Consequences of Employee Awareness and Absent – mindedness [J]. *Mindfulness*, 2015, 6 (1): 111 – 122.

[313] Reb, J., Narayanan, J., Chaturvedi, S., Ekkirala, S. The Mediating role of Emotional Exhaustion in the Relationship of Mindfulness with Turnover Intentions and Job Performance [J]. *Mindfulness*, 2017, 8 (3): 707 – 716.

[314] Rerup, C. Attentional Triangulation: Learning from Unexpected Rare Crises [J]. *Organization Science*, 2009, 20 (5): 876 – 893.

[315] Rich, B. L., Lepine, J. A., Crawford, E. R. Job Engagement: Antecedents and Effects on Job Performance [J]. *Academy of Management Journal*, 2010, 53 (3): 617 – 635.

[316] Roche, S. M., Mcconkey, K. M. Absorption: Nature, Assessment, and Correlates [J]. *Journal of Personality Social Psychology*, 1990, 59 (59): 91 – 101.

[317] Roche, M., Haar, J. M., Luthans, F. The Role of Mindfulness and Psychological Capital on the Well – being of Leaders [J]. *Journal of Occupational Health Psychology*, 2014, 19 (4): 476 – 489.

[318] Roeser, R. W., Schonert – Reichl, K. A., Jha, A., Cullen, M., Wallace, L., Wilensky, R., et al. Mindfulness Training and Reductions in Teacher Stress

and Burnout: Results from two Randomized, Waitlist – control Field Trials [J]. *Journal of Educational Psychology*, 2013, 105 (3): 787 – 804.

[319] Rosch, E. Cognitive Representations of Semantic Categories [J]. *Journal of Experimental Psychology General*, 1975, 104 (3): 192.

[320] Rothbard, N. P. Enriching or Depleting: The Dynamics of Engagement in Work and Family Roles [J]. *Administrative Science Quarterly*, 2001, 46 (4): 655 – 684.

[321] Roche, M., Haar, J. M., Luthans, F. The Role of Mindfulness and Psychological Capital on the Well – being of Leaders [J]. *Journal of Occupational Health Psychology*, 2014, 19 (4): 476 – 489.

[322] Rosch, E. More Than Mindfulness: When You Have a Tiger by the Tail, Let It Eat You [J]. *Psychological Inquiry*, 2007, 18 (4): 258 – 265.

[323] Ruedy, N. E. Schweitzer M. E. In the Moment: The Effect of Mindfulness on Ethical Decision Making [J]. *Journal of Business Ethics*, 2010, 95 (1): 73 – 87.

[324] Ruocco, A. C., Direkoglu, E. Delineating the Contributions of Sustained Attention and Working Memory to Individual Differences in Mindfulness [J]. *Personality and Individual Differences*, 2013, 54 (2): 226 – 230.

[325] Ryan, R. M., Kuhl, J., Deci, E. L. Nature and Autonomy: An Organizational View of Social and Neurobiological Aspects of Self – regulation in Behavior and Development [J]. *Development and Psychopathology*, 1997, 9 (4): 701 – 728.

[326] Ryan, R. M., Brown, K. W. Why We Don't Need Selfesteem: Basic needs, Mindfulness, and the Authentic Self [J]. *Psychological Inquiry*, 2003, 14 (1): 71 – 76.

[327] Ryan, R. M., Deci, E. L. Self – determination Theory and the Role of Basic Psychological Needs in Personality and the Organization of Behavior. In O. P. John, R. W. Robins, L. A. Pervin (Eds.). Handbook of personality: Theory and research [M]. New york, NY, US: Guilford Press, 2008: 3654 – 3678.

[328] Saavedra, M. C., Chapman, K. E., Rogge, R. D. Clarifying Links between Attachment and Relationship Quality: Hostile Conflict and Mindfulness as Modera-

tors [J]. *Journal of Family Psychology*, 2010, 24 (4): 380-390.

[329] Sato, J. R., Kozasa, E. H., Russell, T. A., Radvany, J., Mello, L. E. A. M., Lacerda, S. S., et al. Brain Imaging Analysis Can Identify Participants under Regular Mental Training [J]. *PLoS ONE*, 2012 (7).

[330] Sauer, S., Kohls, N. Mindfulness in Leadership: Does being Mindful Enhance Leaders' Business Success? In S. Han E. PÖppel (Eds.), Culture and Neural Frames of Cognition and Communication [M]. Springer Berlin Heidelberg, 2011: 287-307.

[331] Schaufeli, W. B., Salanova, M., González-Romá, V., Bakker, A. B. The Measurement of Engagement and Burnout: A Two Sample Confirmatory Factor Analytic Approach [J]. *Journal of Happiness Studies*, 2002, 3 (1): 71-92.

[332] Schaufeli, W. B., Bakker, A. B., Salanova, M. The Measurement of Work Engagement with a Short Questionnaire a Cross-national Study [J]. *Educational and Psychological Measurement*, 2006, 66 (4): 701-716.

[333] Schultz, P. P., Ryan, R. M., Niemiec, C. P., Legate, N, Williams, G. C. Mindfulness, Work Climate, and Psychological Need Satisfaction in Employee Well-being [J]. *Mindfulness*, 2015, 6 (5): 971-985.

[334] Schyns, B., Meindl, J. R. (Eds.). Implicit Leadership Theories: Essays and Explorations [M]. Greenwich, CT: Information Age Publishing, 2005.

[335] Schyns, B., Kroon, B., Moors, G. Follower Characteristics and the Perception of Leader-member Exchange [J]. *Journal of Managerial Psychology*, 2008, 23 (7): 772-788.

[336] Schyns, B., Maslyn, J. M., van Veldhoven, M. P. Can Some Leaders Have a Good Relationship with Many Followers? The Role of Personality in the Relationship between Leader-member Exchange and Span of Control [J]. *Leadership & Organization Development Journal*, 2012, 33 (6): 594-606.

[337] Scott, S. The Influence of Climate Perceptions on Innovation Behavior [D]. *Unpublished Ph. D. Dissertation, Department of Management, University of Cincinnati*, 1993.

[338] Scott, B. A., Colquitt, J. A., Paddock, E. L., Judge, T. A. A Daily Investigation of the Role of Manager Empathy on Employee Well – being [J]. *Organizational Behavior & Human Decision Processes*, 2010, 113 (2): 127 – 140.

[339] Segal, Z. V., Williams, J. M. G., Teasdale, J. D. Mindfulness – based Cognitive Therapy for Depression: A New Approach to Preventing Relapse [M]. New York, NY: Guilford Press, 2002.

[340] Shondrick, S. J., Lord, R. G. Implicit Leadership and Followership Theories: Dynamic Structures for Leadership Perceptions, Memory, and Leader – follower processes [J]. *International Review of Industrial and Organizational Psychology*, 2010, 25 (1): 1 – 33.

[341] Schultz, P., Ryan, R., Niemiec, C., Legate, N., Williams, G. Mindfulness, Work Climate, and Psychological Need Satisfaction in Employee Well – being [J]. *Mindfulness*, 2014, 6 (5): 971 – 985.

[342] Shamir, B. From Passive Recipients to Active Co – producers: Followers' roles in the Leadership Process. In B. Shamir, R. Pillai, M. Bligh, M. Uhl – Bien (Eds.), Follower – centered Perspectives on Leadership: A Tribute to the Memory of James R. Meindl [M]. Charlotte, NC: Information Age Publishers, 2007.

[343] Shamir, B., House, R. J., Arthur, M. B. The Motivational Effects of Charismatic Leadership: A Self – concept Based Theory [J]. *Organization Science*, 1993, 4 (4): 577 – 594.

[344] Shapiro, S. L., Carlson, L. E., Astin, J. A., Freedman, B. Mechanisms of Mindfulness [J]. *Journal of Clinical Psychology*, 2006, 62 (3): 1 – 14.

[345] Shapiro, S. L., Oman D., Thoresen C. E., Plante, T. G., Flinders, T. Cultivating Mindfulness: Effects on Well – being [J]. *Journal of Clinical Psychology*, 2008, 64 (7): 840 – 862.

[346] Shaw, J. B. A Cognitive Categorization Model for the Study of Intercultural Management [J]. *Academy of Management Review*, 1990, 10 (3): 435 – 454.

[347] Shondrick, S. J., Dinh, J. E., Lord, R. G. Developments in Implicit Leadership Theory and Cognitive Science: Applications to Improving Measurement and

Understanding Alternatives to Hierarchical Leadership [J]. *Leadership Quarterly*, 2010, 21 (6): 959 - 978

[348] Shonin, E, Gordon, W. V., Dunn, T. J., Singh, N. N., Griffiths, M. D. Meditation Awareness Training (MAT) for Work - related Wellbeing and Job Performance: A Randomised Controlled Trial [J]. *International Journal of Mental Health and Addiction*, 2014, 12 (6): 806 - 823.

[349] Shrout, P. E., Bolger, N. Mediation in Experimental and Nonexperimental Studies: New Procedures and Recommendations [J]. *Psychological Methods*, 2002, 7 (4): 422 - 444.

[350] Siegel, D. J. The Mindful Brain: Reflection and Attunement in the Cultivation of Well - being [M]. New York: Norton, 2007.

[351] Siegel, D. J. *Mindsight: The New Science of Personal Transformation* [M]. New York: Bantam, 2010.

[352] Sin, N. L., Lyubomirsky, S. Enhancing Well - being and Alleviating Depressive Symptoms with Positive Psychology Interventions: A Practice - friendly Meta - analysis [J]. *Journal of Clinical Psychology*, 2009, 65 (5): 467 - 487.

[353] Singer, T., Lamm, C. The Social Neuroscience of Empathy [J]. *Annals of the New York Academy of Sciences*, 2009, 1156 (1): 81 - 96.

[354] Slagter, H. A., Lutz, A., Greischar, L. L., Francis, A. D., Nieuwenhuis, S., Davis, J. M., Davidson, R. J. Mental Training Affects Distribution of Limited Brain Resources [J]. *Plos Biology*, 2007, 5 (6): 1228 - 1235.

[355] Smallwood, J., Schooler, J. W. The Science of Mind Wandering: Empirically Navigating the Stream of Consciousness [J]. *Annual Review of Psychology*, 2015, 66 (1): 487 - 518.

[356] Strick, M., Papies, E. K. A Brief Mindfulness Exercise Promotes the Correspondence between the Implicit Affiliation Motive and Goal Setting [J]. *Personality and Social Psychology Bulletin*, 2017, 43 (5): 623 - 637.

[357] Subramaniam, R. N., Vijayananthan, A., Omar, S. Z., Noor Azmi, M. A., Nawawi, O., Abdullah, B. J. J. Uterine artery Embolisation for Symptomatic

Fibroids: The University of Malaya Medical Centre Experience [J]. *Biomedical Imaging and Intervention Journal*, 2010, 6 (3): e27.

[358] Tan, C. M. Search Inside Yourself: The Unexpected Path to Achieving Success, Happiness (and world peace) [M]. New York, NY: HarperOne, 2012.

[359] Tang, Y. -Y., Hölzel, B. K., Posner, M. I. The Neuroscience of Mindfulness Meditation [J]. *Nature Reviews Neuroscience*, 2015, 2012, 16 (4): 213-225.

[360] Taylor, V. A., Grant, J., Daneault, V., Scavone, G., Breton, E., Roffe-Vidal, S., et al. Impact of Mindfulness on the Neural Responses to Emotional Pictures in Experienced and Beginner Meditators [J]. *NeuroImage*, 2011, 57 (4): 1524-1533.

[361] Teasdale, J. D., Segal, Z. V., Williams, J. M., Ridgeway, V. A., Soulsby, J. M., Lau, M. A. Prevention of Relapse/recurrence in Major Depression by Mindfulness-based Cognitive Therapy [J]. *Journal of Consulting and Clinical Psychology*, 2000, 68 (4): 615-623.

[362] Teasdale, J. D., Moore, R. G., Hayhurst, H., Pope, M., Williams, S., Segal, Z. V. Metacognitive Awareness and Prevention of Relapse in Depression: Empirical Evidence [J]. *Journal of Consulting and Clinical Psychology*, 2002, 70 (2): 275-287.

[363] Tellegen, A. Practicing the two Disciplines for Relaxation and Enlightenment: Comment on "Role of the Feedback Signal in Electromyograph Biofeedback: The Relevance of Attention" by Qualls and Sheehan [J]. *Journal of Experimental Psychology General*, 1981, 110 (2): 217-231.

[364] Tepper, B. J. Consequences of Abusive Supervision [J]. *Academy of Management Journal*, 2000, 43 (2): 178-190.

[365] Tepper, B. J., Duffy, M. K., Henle, C. A., Lambert, L. S. Procedural Injustice, Victim Precipitation, and Abusive Supervision [J]. *Personnel Psychology*, 2006, 59 (1): 101-123.

[366] Tepper, B. J., Moss, S. E., Lockhart, D. E., Carr, J. C. Abusive Supervision, Upward Maintenance Communication, and Subordinates' Psychological Dis-

tress [J] . *Academy of Management Journal*, 2007, 50 (5): 1169 – 1180.

[367] Tepper B. J., Moss S. E., Duffy M. K. Predictors of Abusive Supervision: Supervisor Perceptions of Deep – level Dissimilarity, Relationship Conflict, and Subordinate Performance [J] . *Academy of Management Journal*, 2011, 54 (2): 279 – 294.

[368] Teper, R., Segal, Z. V., Inzlicht, M. Inside the Mindful Mind: How Mindfulness Enhances Emotion Regulation Through Improvements in Executive Control [J] . *Current Directions in Psychological Science*, 2013, 22 (6): 449 – 454.

[369] Thau, S., Mitchell, M. S. Self – gain or Self – regulation Impairment? Tests of Competing Explanations of the Supervisor Abuse and Employee Deviance Relationship through Perceptions of Distributive Justice [J] . *Journal of Applied Psychology*, 2010, 95 (6): 1009 – 1031.

[370] Thompson, B. L., Waltz, J. Everyday Mindfulness and Mindfulness Meditation: Overlapping Constructs or Not [J] . *Personality and Individual Differences*, 2007, 43 (7): 1875 – 1885.

[371] Tierney P. Me Contribution of Leadership, Supportive Environment, and Individual Attributes to Creative Performance: A Quantitative Field Study [D] . *Unpublished Ph. D. Dissertation*, *Department of Management*, *University of Cincinnati*, 1992.

[372] Tipsord, J. M. The Effects of Mindfulness Training and Individual Differences in Mindfulness on Social Perception and Empathy [D] . *Doctoral Dissertation*, *University of Oregon*, 2009.

[373] Tsui, A. S., O' Reilly, C. A. Beyond Simple Demographic Effects: The Importance of Relational Demography in Superior – subordinate Dyads [J] . *Academy of Management Journal*, 1989, 32 (2): 402 – 423.

[374] Torlak, O., Koc, U. Materialistic Attitude as an Antecedent of Organizational Citizenship Behavior [J] . *Management Research News*, 2007, 30 (8): 581 – 596.

[375] Tziner, A. Human Resource Management and Organization Behavior: Selected Perspectives [M] . Taylor Francis, 2002.

[376] Uhl – Bien, M., Graen, G. B., Scandura, T. A. Implications of Leader –

member Exchange (LMX) for Strategic Human Resource Management Systems: Relationships as Social Capital for Competitive Advantage [J]. *Research in Personnel and Human Resources Management*, 2000, 18: 137 - 186.

[377] Uhl - Bien, M. Relational Leadership Theory: Exploring the Social Processes of Leadership and Organizing [J]. *Leadership Quarterly*, 2006, 17 (6): 654 - 676.

[378] Uhl - Bien, M., Marion, R., McKelvey, B. Complexity Leadership Theory: Shifting Leadership from the Industrial Age to the Knowledge Era [J]. *Leadership Quarterly*, 2007, 18 (4): 298 - 318.

[379] Uhl - Bien, M., Pillai, R. The Romance of Leadership and the Social Construction of Followership. In B. Shamir, R. Pillai, M. Bligh, M. Uhl - Bien (Eds.). Follower - centered Perspectives on Leadership: A Tribute to the Memory of James R. Meindl [M]. Charlotte, NC: Information Age Publishers, 2007.

[380] Uhl - Bien, M., Riggio, R. E., Lowe, K. B., Carsten, M. K. Follow Ership Theory: A Review and Research Agenda [J]. *Leadership Quarterly*, 2014, 25 (1): 83 - 104.

[381] Vago, D. R., Silbersweig, D. A. Self - awareness, Self - regulation, and Self - transcendence (S - ART): A Framework for Understanding the Neurobiological Mechanisms of Mindfulness [J]. *Frontiers in Human Neuroscience*, 2012, 6 (296): 1 - 30.

[382] Valentine, S., Godkin, L., Varca, P. E. Role Conflict, Mindfulness, and Organizational Ethics in an Education - based Healthcare Institution [J]. *Journal of Business Ethics*, 2010, 94 (3): 455 - 469.

[383] Van Knippenberg, D., Van Knippenberg, B., Giessner, S. R. Extending the Follower - centred Perspective on Leadership: Leadership as an Outcome of Shared Social Identity. In B. Shamir, R. Pillai, M. C. Bligh, and M. Uhl - Bien (Eds.), Follower - centred Perspectives on Leadership [M]. Greenwich, CT, Information Age Publishing, 2006: 51 - 70.

[384] Van Quaquebeke, N., Van Knippenberga, D., Brodbeckb, F. C. More

than Meets the Eye: The Role of Subordinates' Self – perceptions in Leader Categorization Processes [J]. *Leadership Quarterly*, 2011, 22 (2): 367 – 382.

[385] Verdorfer, A. P. Examining Mindfulness and Its Relations to Humility, Motivation to Lead, and Actual Servant Leadership Behaviors [J]. *Mindfulness*, 2016, 7 (4): 950 – 961.

[386] Wachs, K., Cordova, J. V. Mindful Relating: Exploring Mindfulness and Emotion Repertoires in Intimate Relationships [J]. *Journal of Marital and Family Therapy*, 2007, 33 (4): 464 – 481.

[387] Wadlinger, H. A., Isaacowitz, D. M. Fixing Our Focus: Training Attention to Regulate Emotion [J]. *Personality and Social Psychology Review*, 2011, 15 (1): 75 – 102.

[388] Walach, H., Buchheld, N., Buttenmüller, V., Kleinknecht, N., Schmidt, S. Measuring Mindfulness—the Freiburg Mindfulness Inventory (FMI) [J]. *Personality Individual Differences*, 2006, 40 (8): 1543 – 1555.

[389] Walsh, J. P. Managerial and Organizational Cognition: Notes from a Trip down Memory Lane [J]. *Organization Science*, 1995, 6 (3): 280 – 321.

[390] Walumbwa, F. O., Avolio, B. J., Gardner, W. L., Wernsing, T. S., Peterson, S. J. Authentic leadership: Development and Validation of a Theory – based Measure [J]. *Journal of Management*, 2008, 34 (1): 89 – 126.

[391] Wang, D. S., Hsieh, C. C. The Effect of Authentic Leadership on Employee Trust and Employee Engagement [J]. *Social Behavior and Personality*, 2013, 41 (4): 613 – 624.

[392] Wang, G. Harms, P. D. Mackey, J. D. Does It Take Two to Tangle? Subordinates' Perceptions of and Reactions to Abusive Supervision [J]. *Journal of Business Ethics*, 2015, 131 (2): 487 – 503.

[393] Wasylkiw, L., Holton, J., Azar, R., Cook, W. The Impact of Mindfulness on Leadership Effectiveness in a Health Care Setting: A Pilot Study [J]. *Journal of Health Organization and Management*, 2015, 29 (7): 893 – 911.

[394] Wadlinger, H. A., Isaacowitz, D. M. Fixing our focus: Training atten-

tion to regulate emotion [J]. *Personality and Social Psychology Review*, 2011, 15 (1): 75 - 102.

[395] Weick, K. E., Sutcliffe, K. M., Obstfeld, D. Organizing for High Reliability: Processes of Collective Mindfulness. In Research in Organizational Behavior, eds. BM Staw, LL Cummings [M]. Greenwich, CT: JAI Press, 1999.

[396] Weick, K. E., Putnam, T. Organizing for Mindfulness: Eastern Wisdom and Western Knowledge [J]. *Journal of Management Inquiry*, 2006, 15 (3): 275 - 287.

[397] Weick, K. E., Sutcliffe, K. M. Mindfulness and the Quality of Organizational Attention [J]. *Organization Science*, 2006, 17 (4): 514 - 524.

[398] Weinstein, N., Brown, K. W., Ryan, R. M. A Multi - method Examination of the Effects of Mindfulness on Stress Attribution, Coping, and Emotional Well - being [J]. *Journal of Research in Personality*, 2009, 43 (3): 374 - 385.

[399] Westbrook, C., Creswell, J. D., Tabibnia, G., Julson, E., Kober, H., Tindle, H. A. Mindful Attention Reduces Neural and Self - reported Cue - induced Craving in Smokers [J]. *Social Cognitive and Affective Neuroscience*, 2013, 8 (1): 73 - 84.

[400] Wild, T. C., Kuiken, D., Schopflocher, D. The Role of Absorption in Experiential Involvement [J]. *Journal of Personality and Social Psychology*, 1995, 69 (3): 569 - 579.

[401] Wolever, R. Q., Bobinet, K. J., McCabe, K., Mackenzie, E. R., Fekete, E., Kusnick, C. A., Baime, M. Effective and Viable Mind - body Stress Reduction in the Workplace: A Randomized Controlled Trial [J]. *Journal of Occupational Health Psychology*, 2012, 17 (2): 246 - 258.

[402] Wong, C. S., Law, K. S. The effects of Leader and Follower Emotional Intelligence on Performance and Attitude: An Exploratory Study [J]. *Leadership Quarterly*, 2002, 13 (3): 243 - 274.

[403] Wu, T. Y., Hu, C. Y. Abusive Supervision and Employee Emotional Exhaustion: Dispositional Antecedents and Boundaries [J]. *Group & Organization Man-*

agement, 2009, 34 (2): 143 – 169.

[404] Wu, T. – Y., Hu, C. Abusive Supervision and Subordinate Emotional Labor: The Moderating Role of Openness Personality [J]. *Journal of Applied Social Psychology*, 2013, 43 (5): 956 – 970.

[405] Xu, E., Huang, X., Lam, C. K., Miao, Q. Abusive Supervision and Work Behaviors: The Mediating Role of LMX [J]. *Journal of Organizational Behavior*, 2012, 33 (4): 531 – 543.

[406] Yiend, J. The Effects of Emotion on Attention: A Review of Attentional Processing of Emotional Information [J]. *Cognition and Emotion*, 2010, 24 (1): 3 – 47.

[407] Yu, L., Zellmer – Bruhn, M. Introducing Team Mindfulness and Considering Its Safeguard Role Against Conflict Transformation and Social Undermining [J]. *Academy of Management Journal*, 2018, 61 (1): 324 – 347.

[408] Yukl, G. Leadership in Organizations (7th Eds.) [M]. Beijing: Pearson Education Asia LTD and Tsinghua University Press, 2010.

[409] Yusainy, C., Lawrence, C. Relating Mindfulness and Self – control to Harm to the Self and to Others [J]. *Personality and Individual Differences*, 2014, 64 (4): 78 – 83.

[410] Zacher, H., Pearce, L. K., Rooney, D., Mckenna, B. Leaders' Personal Wisdom and Leader – member Exchange Quality: The Role of Individualized Consideration [J]. *Journal of Business Ethics*, 2014, 121 (2): 171 – 187.

[411] Zamahani, M., Rezaei, F. The Impact of Managers' Self – awareness, Positivity and Psychological Ownership on Organizational Citizenship Behavior [J]. *International Review of Management and Business Research*, 2014, 3 (3): 1355 – 1368.

[412] Zhao, X., Lynch, J. G., Chen, Q. Reconsidering Baron and Kenny: Myths and Truths about Mediation Analysis [J]. *Journal of Consumer Research*, 2010, 37 (2): 197 – 206.

[413] Zheng, X. M., Liu, X. The Buffering Effect of Mindfulness on Abusive Supervision and Creative Performance: A Social Cognitive Framework [J]. *Frontiers*

in Psychology, 2017, 9 (8): 1 - 12.

[414] Zhang, J., Ding, W., Li, Y., Wu, C. Task Complexity Matters: The Influence of Trait Mindfulness on Task and Safety Performance of Nuclear Power Plant Operators [J]. *Personality & Individual Differences*, 2013, 55 (4): 433 - 439.

[415] Zhang, J., Wu, C. The Influence of Dispositional Mindfulness on Safety Behaviors: A Dual Process Perspective [J]. *Accident Analysis & Prevention*, 2014, 70 (3): 24 - 32.

[416] Zhang, Y., Bednall, T. C. Antecedents of Abusive Supervision: A Meta - analytic Review [J]. *Journal of Business Ethics*, 2016, 139: 455 - 471.

[417] Zhang, Z., Wang, M., Shi, J. Q. Leader - follower Congruence in Proactive Personality and Work Outcomes: The Mediating Role of Leader - member Exchange [J]. *Social Science Electronic Publishing*, 2015, 55 (1): 111 - 130.

后　记

本书是在我博士论文的基础上修改而成的。从博士论文选题、研究设计、完成撰写到最后成书出版，历时两年多时间，其间我经历了无数的困惑、挣扎、煎熬、苦痛，几度试图放弃，最终得以坚持下来走到现在，非常不容易，在此过程中得到了诸位老师、同学、朋友和家人的帮助与支持，在本书即将出版之际，特将心中致谢铭记于此。

·致敬师恩·

首先，最要感谢的是我的导师宋继文副教授！在整个读博期间，宋老师对我的悉心指导与关照，点点滴滴依然历历在目。如果没有宋老师的提点和帮助，我不可能顺利地完成学业，也不会有今天这本书的问世。其次，除了恩师宋继文副教授外，商学院组织与人力资源系还有许多老师给过我这样或那样的无私帮助。感谢刘军教授在我博士论文开题和预答辩过程中给予的建议与指导；感谢章凯教授在理论设计和研究规范方面的诸多指导；感谢祝金龙助理教授热心地帮助我解答博士论文的数据处理问题；感谢冯云霞副教授参加我的预答辩，对于我的研究给予肯定；还要感谢曹潇云讲师、葛建华讲师，他们对我在研究思路和视角方面有所启发。系里的这些老师，每位都有着自己繁重的科研任务与工作任务，也有各自需要指导的学生，却在我求学过程中给予了许多无私和慷慨的帮助。再次，要感谢两位外校老师和两位海外老师。北方工业大学罗文豪讲师、清华大学郑晓明教授，以及密歇根州立大学的 Russell Johnson 教授、美国佐治亚理工学院的刘东副教授（终身教授），他们都在顶级期刊上发表了非常多的优秀成果，对我的研究设计给予了重要的参考意见与指导。最后，还要感谢匿名评审老师们对论文提出的指导意见，同时感谢他们对我的博士论文给予的肯定与鼓励。更要感谢在百忙之中来参加我论文答辩会的老师们，感谢中国人民大学章凯教授、中国人民大学张丽华教授、清华大学吴志明副教授、对外经济贸易大学牛雄鹰教授、中央财经大学于广涛教授，感谢几位老师对我的博士论文提出的宝贵修改建议，极大地提升了论文质量。

·师门同窗情·

从论文设计、数据收集到写作的过程中，非常幸运地得到许多同门师兄弟、师妹们和同窗好友的大力支持，不胜感激！特别感谢同为宋老师师门的郭一蓉、刁惠悦和王悦三位师妹。这几位师妹参与了我博士论文数据的收集和整理工作。非常感谢一蓉师妹在我博士论文的设计完全没有任何思路时对我的鼓励，并在我的模型构想阶段提出了许多宝贵意见，也亲自参与了我博士论文数据的收集；感谢惠悦师妹在量表翻译、博士论文模型设计阶段提出的宝贵意见；感谢小悦师妹全程参与了我博士论文数据的收集工作；感谢黄丹英师妹，她在我博士论文的设计阶段也参与了讨论，在调研前期还帮我承担了一些翻译工作。还要感谢我去年新入学的侯亮师妹和国阳小师妹。侯亮师妹在论文后期帮我做了一些格式校对和文字校对的工作；国阳小师妹也帮我做了一些格式和校验的工作。也要感谢博一师弟刘光建同学的大力支持。此外，还有远在美国已经工作的吴俊峰师兄和与我同级的谭浩艺为我提供的实质性建议和帮助。

特别感谢我的室友王尧，她在我博士论文最开始的数据收集过程中和后期处理中提出了许多宝贵的意见，也参与了讨论；感谢王璁、张佳良、范雪灵、室友关一和许鹏鸿几位同学，在不同的阶段给我鼓励和建议。

·亲情·

感谢我至亲至爱的家人们。感谢生我养我的父母！我的父母教给我的为人诚恳、真实、脚踏实地做人的道理与遇到困难不屈不挠的勇气，是我一生宝贵的财富。也感谢我的公公和婆婆在我求学期间对我的理解与支持。更要特别感谢我的先生邓志勇，在我求学这几年对我各个方面的理解与支持。还要感谢我最可爱的儿子，感谢他的懂事与乖巧。最后也要感谢我的闺蜜们、所有的亲朋好友们在博士三年期间对我的关心和支持，此处不一一列名，谢谢你们！

在博士论文完成之后大约半年的时间，本书得以顺利出版。在此特别感谢经济管理出版社的各位老师，因为你们的认真、严谨与务实的编辑、审校与修改，这本书才得以更好地面向读者，感谢你们的付出。

张静

2018 年 9 月